HAY MUCHO MÁS SOBRE EL SECRETO

HAY MUCHO MÁS SOBRE EL SECRETO

Ed Gungor

GRUPO NELSON
Una división de Thomas Nelson Publishers
Desde 1798

NASHVILLE DALLAS MÉXICO DF. RÍO DE JANEIRO BEIJING

Publicado en Nashville, Tennessee, Estados Unidos de América.
Grupo Nelson, Inc. es una subsidiaria que pertenece
completamente a Thomas Nelson, Inc.
Grupo Nelson es una marca de Thomas Nelson, Inc.
www.gruponelson.com

Título en inglés: *There is More to the Secret*

Publicado por Thomas Nelson, Inc.

Traducción: *Ricardo y Mirtha Acosta*
Tipografía: *Grupo Nivel Uno, Inc.*

ISBN-10: 1-60255-095-6
ISBN-13: 978-1-60255-095-7

Impreso en Estados Unidos de América

5a Impresión, 4/2008

Dedicado a:

Doctor Bahri y Lilly Gungor

y

Gerard y Elizabeth Griesbaum

Gracias por amar, apoyar y creer siempre en sus hijos.

¡Ustedes son profundamente amados y apreciados!

Tabla de contenido

Introducción

Hay mucho más sobre «el secreto»

Parece que últimamente «el secreto» está en boca de todo el mundo. Se trata de una creencia que se ha descubierto y redescubierto a través de toda la historia… y que se está transformando. Todo cambia al entender la ley que lo respalda. Rhonda Byrne y su equipo de colaboradores hacen en su libro *El secreto* una brillante labor reuniendo fragmentos de la gran ley que ha estado enclavada en tradiciones orales, en literatura, y en religiones y filosofías en todas las épocas, ofreciéndonos una ojeada transformadora de vida para esta antigua verdad.

Pero se puede decir más de lo que ha revelado este libro de gran aceptación. Es más, temo que sin una mirada más profunda dentro del «más» del que hablo, la pena podría pesar más que la ayuda que se ha llevado a cabo en las vidas de individuos.

Esa es la *razón* de este escrito. Aunque no intento echar abajo lo bueno que se ha comunicado, debemos proceder con prudencia. Es necesario hablar más sobre esta historia… *hay mucho más sobre* «El secreto».

—Ed Gungor

1

Dioses y genios

Pues bien, antes de empezar debo hacer una confesión. Soy aprendiz de Jesucristo, y aunque admiro a Rhonda Byrne y el trato que su equipo le da a la *ley de la atracción*, soy un seguidor crítico. Me ha emocionado mucho lo que Byrne comunica en su libro de gran éxito sobre autoayuda, *El secreto*, y en el documental del mismo nombre. Pero al mismo tiempo, no empiezo ni termino en el mismo lugar filosófico del libro. Por ejemplo, no creo que los seres humanos estén evolucionando en dioses; siempre *necesitaremos* a Dios. Tampoco creo que la humanidad se pueda salvar a sí misma; necesitamos un Salvador. Creo que Jesucristo conocía este supuesto secreto, pero aun así debió morir; la sola idea no nos salvará. Además, creo que Byrne y compañía dejaron mucho espacio para la codicia, la apatía social y la responsabilidad de las víctimas en los horribles hechos que ocurren en sus vidas. (No estoy sugiriendo que fuera intención de ellas, sino que aun es un problema.) No obstante, esto no significa que no crea que el libro tenga muchas cosas buenas, pues las tiene. Es más, quiero pasar la mayor parte de este escrito desarrollando el tesoro que explora el libro de Byrne. En el camino hablaremos de los problemas.

¿De qué se trata?

Solo tenemos una oportunidad de vivir. En consecuencia, creo que deberíamos escribir exhaustivamente de nuestras vidas... deberíamos decidir ser trascendentes. Esta idea nos ayuda a hacer eso; afecta todo aspecto de nuestras vidas, desde nuestra economía hasta nuestra salud y nuestras relaciones. Cuando comprendemos esta idea, sale a la luz lo oculto, destapa el poder que tenemos dentro, tanto paganos como santos.

Esta no es una idea compleja y difícil de captar. Es simplemente la ley de la atracción. Declarada sin rodeos, esta ley dice: *Todo lo que se manifiesta en su vida es el resultado de lo que usted ha estado atrayendo a su existencia.* Su vida no es como es por accidente; es el producto de causa y efecto. En cierto sentido, el modo en que usted vive es como un imán, que atrae a su existencia los acontecimientos que le ocurren, tanto buenos como malos.

Aunque al principio esto podría parecer temible (*¿es todo culpa mía?*), ¡qué gran descubrimiento es! Significa que usted y yo tenemos mucho qué decir respecto de lo felices que pueden ser nuestras vidas. Cuando averiguamos cómo actúa la ley de la atracción, podemos «hacerla funcionar» para mantener el flujo de cosas buenas en nuestra vida y al mismo tiempo negar el acceso a las malas.

¿Pero es esto realmente posible?

Hay muchos que creen que cualquier cosa que está *destinada* a suceder, *sucederá.* Ellos creen que los humanos no tenemos nada que ver con el futuro; que eso le compete a *Dios.* Esta gente sostiene que las cosas sencillamente ocurren porque el Señor es soberano, y que los seres humanos en realidad no hacen que suceda algo que Dios no lo haría de todos modos. Este grupo sostendría que nuestros pensamientos, nuestras creencias y nuestras acciones son más que algo aparte porque el Señor hará lo que ha de hacer, sin importar lo que hagan los seres humanos.

Pero si Dios en realidad hubiera querido crear un mundo en que los humanos *no pudieran* controlar las cosas, ¿por qué entonces creó un mundo lleno de leyes, leyes tan específicas y previsibles que podemos enviar personas a la luna y predecir con fracciones de segundo cuándo posarán los pies en ella? ¿Y si el Señor creó leyes precisamente para que los humanos pudiéramos tener *más* dominio sobre nuestras vidas? El gran apóstol Pablo afirmó: «Todo es de ustedes ... el universo, o la vida, o la muerte, o lo presente o lo por venir; todo es de ustedes».[1] En otro lugar escribió: «No se engañen: de Dios nadie se burla. Cada uno cosecha lo que siembra».[2]

Estos textos dejan sentado que la manera en que tomamos parte en el mundo creado por el Señor se parece mucho a cómo un agricultor participa en las leyes de la naturaleza. Un agricultor que quiere que la tierra dé una cosecha de maíz debe aprender a cooperar con la naturaleza para obtenerla. La naturaleza no selecciona la clase de cosecha, espera que el agricultor la escoja. El agricultor toma esa decisión; predice el futuro del campo por la clase de semilla que planta allí. Para «atraer» maíz, el agricultor simplemente planta semillas de maíz. Esta es la manera en que funciona la ley de la atracción.

La creación obra del mismo modo para usted y para mí. Dios no determina por sí mismo cuán maravillosas sean nuestras vidas. Hasta cierto punto, *nosotros* controlamos el nivel de éxito que disfrutamos en nuestros matrimonios, nuestra economía, nuestras profesiones, la crianza de nuestros hijos, etc., basados en si cooperamos o no con las leyes que el Señor puso aquí. Podemos tener felicidad o pena, *a propósito*. Podemos atraer cualquier cosa que deseemos atraer; la verdad es que *ahora mismo* lo estamos haciendo. Saber cómo actúa esta ley no hace que funcione —funciona todo el tiempo— pero enterarnos cómo funciona nos ayuda a «hacer que funcione» en nuestro beneficio en vez de nuestro perjuicio.

La tercera ley del movimiento de Newton establece: *A cada acción corresponde una reacción igual y opuesta.* Esta es otra manera de expresar la ley de la atracción. Jesucristo nos mostró cómo actúa la ley de la atracción, alias «el secreto», en nuestras relaciones con los demás: «No juzguen, y no se les juzgará. No condenen, y no se les condenará. Perdonen, y se les perdonará. Den, y se les dará: se les echará en el regazo una medida llena, apretada, sacudida y desbordante. Porque con la medida que midan a otros, se les medirá a ustedes».[3]

Esto significa que si usted le sonríe a alguien, lo más probable es que esta persona le devuelva la sonrisa. Si usted menosprecia a alguien se arriesga a que le devuelvan el menosprecio. Si usted es sincero y amable con los demás, casi con seguridad a su vez los demás le expresarán amabilidad. Si usted critica todo y a todos, espere en su vida una fuerte dosis de juicio crítico de otros. Usted *atrae* lo que genera. La ley de la atracción actúa para todo el mundo, en todas partes, todo el tiempo, sea que usted la entienda o no.

Es frecuente que a los creyentes en Dios les confunda el equilibrio entre lo que *debemos* hacer y lo que el Señor hace. Se cuenta la historia de un granjero del oeste que recibió la visita de su pastor. «¡Caramba! ¡Cómo ha bendecido Dios este feudo!», exclamó más bien piadosamente el predicador mientras el granjero le mostraba la propiedad, con sus edificaciones anexas, sus cercas y sus prados muy bien cuidados.

«Lo imagino… —replicó el ranchero en un modo franco—, pero usted debió haber visto esta propiedad cuando estaba al cuidado de Dios».

Si no tenemos cuidado, aquellos de nosotros que somos seguidores de Dios seremos culpables de algo que Jesucristo nos advirtió. En su parábola de los talentos (Mateo 25.14-29), Jesús instó a las personas a trabajar con el potencial que Dios les había dado; sin embargo, él dijo que algunos estarían tan orientados a la soberanía de Dios que básicamente no harían nada y se resignarían al destino. En otras palabras, se unirían a la multitud de Doris Day en su canción: «Que será, será, lo que será, será...» Jesús dijo que este grupo creía que Dios, igual que el amo en la historia que narra, siega donde no siembra y recoge donde no esparce. Es decir, los humanos no tienen que *esforzarse*... Dios lo hace todo. Jesús dijo que este grupo escondió su potencial «en la tierra» (v. 25), y que Dios no se agradó para nada con esto.

Pero hay peligro en ambas partes del asunto.

Los defensores del último uso de la ley de la atracción afirman que esta nos da todo lo que podríamos desear: felicidad, salud y riqueza; que podemos hacer o ser cualquier cosa que queramos; y que podemos tener todo lo que decidamos, por fabuloso que sea. Nos preguntan: «¿En qué clase de casa quiere usted vivir?», o «¿quiere ser millonario?» Nos dicen: «Ocurren milagros cuando usted sabe cómo aplicar el *"secreto"*». El poeta estadounidense Ralph Waldo Emerson (1803-1882) escribió: «El secreto es la respuesta a todo lo que ha sido, todo lo que es, y todo lo que será». Citando a Emerson, ellos abogan por las creencias que acabo de describir de que el secreto de la vida es este: cada uno de nosotros trabaja con un poder infinito: la ley de la atracción.

Pero estas personas omiten una pieza fundamental. Resulta que *hay mucho más sobre «el secreto»*.

Compartimos el poder

Cuando aparecieron por primera vez las computadoras personales en la década de los ochenta, instalar nuevos programas o accesorios (como impresoras o escáneres) era más que un hecho de «enchufar y jugar». No era extraño que toda su computadora dejara de funcionar después de agregar un programa nuevo que *supuestamente* le facilitaría la vida. Entonces usted tendría que pasar horas al teléfono con «ayuda al cliente» del proveedor del software, mientras un técnico lo hacía pasar por el arduo proceso de reescribir líneas ocultas de programa (tales como CONFIG.SYS). Era una confusión.

El motivo de que hubiera tantos problemas es que los desarrolladores del software lo diseñaron en computadoras personales que *no contenían otros programas.* De ahí que podían lograr todos los recursos de sus computadoras personales para la ejecución de programas que *ellos* estaban desarrollando. Nada malo en hacer esto... si todas las computadoras personales ejecutaran solo *un* programa. Pero no es así. Sin embargo, eso no impidió a los ingenieros alterar sus códigos internos de las computadoras para ejecutar sus propios programas de modo más eficaz. Era una competencia brutal, un mundo en que cada compañía programaba para sí misma. Y cuando los consumidores empezaron a descargar en sus computadoras nuevos programas, uno tras otro, las aplicaciones comenzaron a chocar entre sí, peleando por recursos internos limitados, y los sistemas empezaron a bloquearse. (Ojalá hubiera ganado un dólar por cada hora que pasé en la línea telefónica con «ayuda técnica» para resolver «problemas».) Hemos recorrido un largo trecho, cariño.

Cuando Byrne y compañía diseñan la anatomía de *El secreto*, lo menos que puedo creer es que están cometiendo un error similar al de los primeros desarrolladores de programas de computadoras personales. El énfasis reiterado en el trato que Byrne y sus socios le dan a la idea se encuentra en el poder y el control *individual* de cada persona al utilizar la ley de la atracción. El problema es que no hay solo *una* persona usando la ley... más de *un* programa está en ejecución en el universo. No usamos la ley de la atracción en un vacío; existen otros participantes, otras fuerzas en movimiento.

Por ejemplo, el equipo de Byrne afirma en el libro que atraemos *todo* lo que nos sucede, incluso lo malo, como accidentes automovilísticos. Aunque eso podría ocurrir en algunos casos, es una simplificación exagerada de la realidad.

Piense en el Holocausto. ¿Es de veras verosímil que todos los seis millones de judíos «atrajeran» por sí mismos este horror inimaginable a sus vidas? ¿O hubo otras fuerzas en acción, tales como un poder ilimitado en manos de un dictador demente llamado Hitler? ¿Y qué se puede decir del maltrato y asesinato de niños? ¿«Imaginaron» y «atrajeron» las víctimas esos horrores sobre sí mismas? De no ser así, ¿por qué entonces les sobrevino? ¿*No* funcionó en su caso la ley de la atracción que «actúa para todas las personas todo el tiempo», o hay otras fuerzas en acción... como un pedófilo demente?

¿Y qué respecto de Dios? Los defensores de la práctica moderna de la ley de la atracción casi no hablan nada acerca del Señor. Eso es extraño si usted considera que la mayoría de personas creen en Dios. En su repetición del secreto, el grupo de Byrne parece sostener la idea de que *si* Dios creó lo que hay, entonces seguramente él ya no está presente en ella, al menos de manera apropiada. No hay un «gran plan». Y si Dios existe, entonces se encuentra aparentemente lejano e inalcanzable, viviendo muy alejado de los asuntos del mundo, los cuales no lo pueden afectar. El grupo Byrne sugiere que el universo es una clase de *genio* que existe exclusivamente para concedernos todo deseo: nuestro deseo es orden para el genio. Además, el «genio» está *en todo momento* concediendo deseos... buenos y malos. Ellos afirman que entender esta idea es la clave para lograr que el universo le conceda a usted únicamente los buenos deseos.

Esta es la historia de Dios

En la tradición cristiana no hay genios. Cada persona es un sueño de Dios hecho realidad; un destino; un ser planificado y con propósito que el Señor puso en el mundo como un personaje único en el desarrollo de la historia divina. La Biblia afirma que Dios «determinó los períodos» en que naceríamos, y planificó «todas las naciones» en que viviríamos.[4] El salmista declaró: «Todos mis días se estaban diseñando, aunque no existía uno solo de ellos».[5]

Esto significa que cada uno de nosotros importa, y que el modo en que calzamos en este mundo obra hacia un *propósito* —un «fin»— de un proceso hacia un objetivo preparado por Dios mismo. Para los seguidores del Señor, esta no es una tierra en que «sobreviven los más aptos», sino un mundo para los predestinados. Pero en vez de buscar el plan predestinado del Creador, muchos creen estar elaborando su propia historia. Al contrario de lo que nos dice Byrne, el *secreto* enclavado en la historia involucra seres humanos, no con el fin de crear sus propias historias sino de encontrar sus lugares en la historia contada por alguien más: Dios. La más antigua revelación de este hecho veía la creación como la *totalidad* de las ideas determinadas del Señor: hay un lugar para *todo* y *todos.* La ley de la atracción no se usó simplemente para atraer algo sino para atraer el propósito final de Dios; revelaba que cada uno de nosotros nació en el mundo del Creador y que este es el *escenario* de él; no somos más que participantes en *su* juego. El salmista afirmó: «Reconozcan que el SEÑOR es Dios; él nos hizo, y somos suyos».[6]

Hace poco mi esposa Gail y yo fuimos a una representación en que aparece nuestra hermosa nuera Erin. Ella tenía uno de los papeles principales. Después del espectáculo la elogiamos y le preguntamos cómo creyó que resultó la interpretación. Ella en respuesta habló principalmente acerca de cómo creyó haber ejecutado *su* papel. No hubo quejas respecto de los demás en escena, ni deseos de haber querido sus libretos, ni intentos de su parte de tomarse el papel de otro, y ni discusión acerca de que hubiera querido reescribir el guión o dirigir el espectáculo de manera distinta. Ella midió su éxito por cómo había realizado el trabajo que se le *asignó*.

Así es como deberíamos afectar el escenario de la vida. Esto es fundamental para la idea... y la misma razón de por qué Dios creó la ley de la atracción. Deberíamos negarnos a tratar de escribir, producir, dirigir o escoger la parte que queremos interpretar en nuestra propia función. Debemos ver a Dios como el Escritor, Productor y Director. Nuestra ambición debería ser descubrir nuestro papel destinado por él, y luego cumplir con ese gran papel.

Comprender de alguna manera que estamos aquí para cooperar en algo más grandioso que nosotros mismos nos brinda un puente a una vida sin límites: acceso a una existencia mucho más fabulosa que una elaborada por nosotros mismos, mayor que los deseos inmediatos de gente egoísta con sus necesidades siempre en expansión. Esto nos «afinca» en algo más espléndido, algo más fantástico, algo eterno.

En una competencia total, un mundo en que cada hombre ve por sí mismo, donde nada es más importante que ser el *número uno*, parece intrascendente buscar el propósito divino por estar relacionado con algo distinto al *yo*. Pero este descubrimiento aporta una nueva autoestima basada en una identidad apreciada por el Señor; vincula nuestra aptitud personal con productividad para mucho más que solo nosotros mismos. Esto no nos disminuye como personas, sino que nos lleva a Dios. Y nuestro sentido de identidad se envalentona a través de la unión con una Vida más grande que nosotros mismos.

Así es como participamos en aquello a lo que nos referimos como el reino de Dios. Prevemos que el Señor actuará; esperamos que actúe. Solo que no sabemos dónde o cuándo. Pero escuchamos, y seguimos andando en la ley de la atracción como un gesto de nuestro amor y búsqueda de Dios. Una vida dedicada a descubrir un propósito creado por el Señor nos llena gradualmente con un espíritu de expectativa en que el corazón obediente recibirá todo lo bueno: que comeremos «de la abundancia de la tierra».[7] Jesús afirma que cuando estamos dispuestos a perder nuestras vidas (en el propósito de Dios) es cuando las encontramos.[8]

Un compromiso con el propósito divino nos brinda una profunda sensación de significado y vocación personal. Llegamos a ser participantes gozosos en el plan de la creación y de la providencia divina que nos fundamenta en un sentimiento de propósito y dedicación. Nuestra virulenta individualización es la que nos ha dejado, como tan acertadamente afirma el historiador británico Arnold Toynbee, con una «sensación de tener todo lo que necesitamos y aun seguir sintiéndonos desequilibrados».[9]

Lo que en realidad está en juego aquí es: ¿quién es el iniciador de la vida, Dios o el hombre? Muchos cristianos modernos han adaptado las opiniones de entusiastas conferencistas populares respecto del ser humano: Soñamos y luego hacemos cualquier cosa que queremos. Y esperamos que el Señor bendiga ese sueño, que lo haga más grande. Es verdad, allí funciona la ley de la atracción, y podemos esperar grandeza cuando sembramos grandeza. Pero la Biblia también nos advierte al respecto. Nos dice que no debemos seguir impulsivamente nuestros propios planes, porque nuestra vida es «como la niebla, que aparece por un momento y luego se desvanece».[10] Estamos aquí por un tiempo demasiado corto a fin de cultivar suficiente sabiduría para tomar decisiones vitales por nuestra cuenta. El texto continúa: «Más bien, debieran decir: "Si el Señor quiere, viviremos y haremos esto o aquello"».[11] Eso significa que usted y yo podemos jugar un papel importante (podemos disfrutar de gran éxito) pero no logramos escribir nuestra propia función. Estamos en la historia de Dios; deberíamos iniciar o al menos portar el derecho de veto en los planes de vida.

Muchas personas de iglesia llevan sus propias agendas y cultivan sueños de actualización personal, creyendo que con solo añadir un toque de fe a su sueño podrán recibir de Dios la «suerte» extra que necesitan para conseguir la fama, el poder y la riqueza que quieren. Es verdad lo que la Biblia enseña: «Para el que cree, todo es posible»,[12] pero si no tenemos cuidado, terminaremos a un paso de reducir a Dios a siervo de nosotros. Nuestros propios deseos se convierten rápidamente en el centro del universo.

Es peligroso pensar en Dios como un genio. Debemos dejar que Dios sea Dios, y darnos cuenta que los genios solo existen en cuentos de hadas.

2

Los pensamientos se convierten en cosas

En el libro *El secreto*, de Rhonda Byrne, ella afirma que todo lo que usted experimenta lo atrae a su vida por medio de la ley de la atracción. Además, usted atrae las cosas por las imágenes que tiene en la mente. Eso significaría que lo que usted piensa y reflexiona en realidad *importa*. Si esto es verdad, entonces usted debería tomar nota especial de sus pensamientos, porque cualquier cosa que pase por su mente está siendo atraída a usted.

¿Pero hay evidencia de esto en la Biblia?

La respuesta es un retumbante «¡SÍ!» El antiguo proverbio hebreo afirma: «Como piensa un hombre en su corazón, así es él».[1] Esto significa que usted se convertirá en lo que más piensa. Es como si sus pensamientos son un imán, que atrae dentro de nuestras vidas las mismas cosas que estamos pensando. En otras palabras, «si usted lo ve en la mente, lo va a tener en la mano».[2] Y mientras más clara esté su mente acerca de lo que desea, más rápido se moverá hacia usted.

Esta idea se resume en una sencilla frase: *Los pensamientos se convierten en cosas.*[3] Estas palabras tienen poder creativo intrínseco. El primer acontecimiento creativo que se registró alguna vez ocurrió en Génesis 1; Dios creó el universo con una orden, con sus *palabras*. Las palabras son simplemente pensamientos expresados. El universo está aquí porque Dios pensó en él. Estamos aquí porque Dios pensó en nosotros. Puesto que somos las únicas criaturas creadas en el mundo a semejanza del Señor, nosotros también podemos *pensar* de modo creativo; es decir, podemos participar en sucesos creativos; podemos disfrutar el fruto de la ley de la atracción.

Artistas, arquitectos, músicos, artesanos, empresarios, amigos, amantes, fulanos y zutanos, carniceros, panaderos y fabricantes de candeleros… todos podemos disfrutar el fruto de la ley de la atracción. Por supuesto, tal vez no podamos crear sistemas solares o hacer cosas de la nada, pero la capacidad creativa fue puesta en nuestras almas por el Creador mismo. Y todo el proceso sucede en el dominio de los *pensamientos.*

Por esto hay tanta guerra espiritual alrededor de la vida intelectual de una persona. Dios nos invita a aceptar sus pensamientos, mientras que la Biblia afirma que un «enemigo» de nuestras almas está tratando de influir en nosotros con imaginaciones malignas. Esta declara: «El dios de este mundo [Satanás] ha cegado la mente de estos incrédulos».[4] Satanás influye el pensamiento. ¿Por qué? Si él logra influir nuestros pensamientos, entonces puede afectar lo que atraemos dentro de nuestras vidas. Resulta que Satanás y las fuerzas de las tinieblas son responsables de gran parte de los padecimientos y problemas que las personas encuentran en sus vidas y relaciones.[5]

Por otra parte, Dios nos llama a hacernos cargo de nuestros pensamientos. «Mis pensamientos no son los de ustedes», declara en Isaías 55.8, y nos invita a pensar como él. Por esto debemos dar a la Biblia un lugar en nuestras vidas: es la Palabra de Dios, sus pensamientos. Tenemos la invitación de asimilar los pensamientos del Señor para que podamos pasar por encima de nuestro pensamiento limitado y comenzar a atraer vida de un orden superior: *vida eterna.* No solo se nos ofrece paz; se nos brinda la paz de Dios. No solo se nos proporciona gozo; podemos participar en el gozo del Señor. El apóstol Pedro afirmó que al adoptar los pensamientos de Dios en realidad llegamos «a tener parte en la naturaleza divina».[6] ¿Cuán dulce es esto?

Al considerar los intentos de Satanás de «cegar» nuestros pensamientos en oposición al llamado de Dios a adoptar sus pensamientos, tenemos los ingredientes para noquear y arrastrar en la pelea. Sin embargo, Pablo declara: «Las armas con que luchamos no son del mundo, sino que tienen el poder divino para derribar fortalezas. Destruimos *argumentos y toda altivez* que se levanta contra el conocimiento de Dios, y llevamos cautivo *todo pensamiento* para que se someta a Cristo».[7]

Debemos luchar por saber a cuáles pensamientos les damos la bienvenida en nuestras mentes, porque nuestros pensamientos *importan.* Nuestras mentes no son simplemente zonas de participación pasiva, obligadas a pensar en cualquier cosa que salta dentro de ellas. Nosotros decidimos qué pensamientos tener, y deberíamos luchar duro, usando las armas que el Señor nos da para pelear. Pablo escribió: «Consideren bien todo lo verdadero, todo lo respetable, todo lo justo, todo lo puro, todo lo amable, todo lo digno de admiración, en fin, todo lo que sea excelente o merezca elogio».[8]

Byrne y sus colaboradores afirman que los pensamientos tienen asociada a ellos una «frecuencia», y que cuando usted piensa en una cosa en particular emiten una frecuencia que le atrae esa cosa. Estas frecuencias de pensamiento le atraen lo que usted está pensando. Si usted piensa en *abundancia,* le vendrá abundancia. Si piensa en *escasez,* esta encontrará su camino de vuelta a usted. Además, esto funciona para toda persona, todo el tiempo.

No sé si esa es la estructura de cómo actúa la ley de la atracción, pero sin duda hay algo en acción cuando usted piensa; esta ley funciona a través de lo que pasa en nuestras mentes, y es obediente a nuestros pensamientos. Si usted se está enfocando en cosas que desea, la ley de la atracción contribuye y le concede sus deseos. En el orden opuesto, si usted se enfoca en lo que no quiere, la ley de la atracción también dará vida a eso. La ley no oye lo que usted no quiere. Simplemente le obedece, manifestando lo que se está imaginando. Y siempre lo hace así.

Esto podría ayudar: la ley de la atracción es sencillamente una repetición de la ley de la siembra y la cosecha. Usted cosecha lo que siembra. La ley no es parcial, no juzga si usted es digno o no de lo que cosecha. Simplemente actúa con lo que usted siembra. Ponga semilla de trigo en la tierra y obtendrá de nuevo semilla de trigo. De igual modo, cuando usted siembra en su mente semillas de temor cosechará acontecimientos repletos de temor. El personaje bíblico Job declaró en medio de los terribles sucesos que atravesaba: «Lo que más temía, me sobrevino; lo que más me asustaba, me sucedió».[9]

Funcione como funcione la ley de la atracción, *siempre* está funcionando. Funciona mientras usted piensa. Los pensamientos siempre están creando realidad, y cuando usted tiene una manera crónica de pensar está en el *proceso de crear*. Algo se manifestará de esos pensamientos, sea bueno o malo.

Esto sugiere que muchos de los problemas que ocurren en las vidas de las personas llegan porque estas tienden a pensar solamente en las cosas que *no* desean. De ahí que esas cosas estén volviendo a ellas una y otra vez. Su pensamiento negativo crónico pone cosas negativas crónicas en sus vidas. Cuando usted se enfoca en lo negativo, esto le viene una y otra vez. Para tener experiencias nuevas usted tiene que tener pensamientos diferentes; debe cambiar su enfoque. Albert Einstein manifestó: «Los problemas importantes que enfrentamos no se pueden solucionar en el mismo nivel de pensamiento en que estábamos cuando los creamos». Bien dicho, Albert.

La mayoría de nosotros necesitamos un nuevo nivel de pensamiento. Estamos acostumbrados a mirar el lado negativo de las cosas, y habitualmente hemos practicado una expectativa de terror. Al enfocar la necesidad de desarrollar nuevos patrones de pensamiento, el equipo de Byrne sugiere que las personas se enfoquen solo en las cosas que quieren, desde espacios de estacionamiento hasta relaciones saludables y tiernas. También insta a las personas a recordar momentos agradables, a fijarse en la naturaleza, o a escuchar su música favorita. Y de estas sencillas sugerencias está llegando una avalancha de testimonios de vidas transformadas en todo el mundo.

Byrne escribe:

> A medida que la película recorría el mundo empezaban a llegar historias de milagros: personas contaban que se curaban de dolor crónico, de depresión y de enfermedades crónicas; que caminaban por primera vez después de un accidente, incluso que se recuperaban del lecho de muerte. Hemos recibido miles de relatos de que *El secreto* se está usando para producir grandes cantidades de dinero y cheques inesperados en el correo. Las personas han utilizado *El secreto* para hacer aparecer sus perfectos hogares, compañeros de vida, autos, empleos y ascensos, con muchos relatos de negocios que se están transformando a los pocos días de aplicar *El secreto.* Ha habido conmovedoras historias de relaciones sometidas a tensiones, con niños involucrados, restaurándose a la armonía.[10]

Aunque usted no lo crea, esto ha enojado a algunos creyentes en Cristo. Quieren saber cómo pueden haber cambiado las personas sin que se les predique a Cristo. *Es* posible que quienes creen lo correcto tengan emociones malas (ira, celos, orgullo). Nos enojamos porque tendemos a dividir el mundo en los «tienes que, o no tienes que», en los buenos y malos, y en quienes tienen razón y quienes se equivocan... y lo hacemos con límites claros, miradas penetrantes, y dedos largos y aguzados. Al no estar presente la predicación directa de

Cristo en la revelación de Byrne suponemos que los defensores de sus ideas (y quizás de las ideas de ellos mismos) deben ser malos, y pertenecen a la multitud de los «no tienes que».

¿Y si esta es una exagerada simplificación y sencillamente no es cierta?

He aquí un trozo de profunda teología cristiana: todo lo que Dios creó es bueno.[11] Eso significa que hay presente una santidad básica en cada *cosa* y en cada *uno.* Con esto no digo que no haya corrupción. Cuando yo era niño en Wisconsin teníamos un auto viejo y oxidado y se veía a través de los agujeros. Estaba corroído. No era hermoso. Pero *funcionaba.* Había algo bueno en él. Las cosas y las personas en un mundo caído son como autos viejos: tenemos algo bueno, pero también tenemos *corrupción.*

N. T. Wright lo expresa mejor:

> La línea entre el bien y el mal no es simplemente entre «nosotros» y «ellos», sino que pasa a través de cada uno de nosotros. Existe tal cosa como la maldad, y debemos distinguir entre las pequeñas y pobres versiones de ella y las terribles versiones. No debemos cometer la insignificante equivocación de suponer que un ladronzuelo y Hitler son muy parecidos, que el mismo nivel de maldad lo obtienen tanto quien engaña en un examen como Bin Ladin. Pero no debemos suponer que el problema del mal tampoco se puede enfocar o solucionar si lo minimizamos en la otra forma: calificar a algunas personas de «buenas» y a otras de «malas».[12]

Quienes somos seguidores de Dios corremos hacia él precisamente porque él es *bueno,* y queremos que la bondad sea la fuerza reinante en nuestra vida. Pero el punto es: que simplemente los gurúes de autoayuda no contextualicen la ley de la atracción dentro del evangelio de Cristo no significa que sean malas personas o parte de la maldad, multitud de «no tienes que». Sí significa que se están perdiendo una parte enorme de la historia. También significa que están siendo insensatos y, en mi opinión, hasta permisivos (en ciertos puntos) a formas de maldad (más sobre eso más adelante). Pero no necesariamente son personas malvadas que se deberían rechazar de plano. Ellos en realidad brindan algunos principios profundos para considerar, principios que los cristianos harían bien en prestar atención.

Gracia común

En consecuencia, ¿por qué esta antigua práctica funciona para todo el mundo… incluso para aquellos sin fe en Dios? Porque la ley de la atracción es una ley de *gracia común.* Permítame explicar.

Dios ama al mundo que creó. Él ve el valor y la preciosidad de todas las cosas y todas las personas. Él creó el mundo porque deseaba ser parte de él, desbordar dentro de él su propia vida. Al leer el final de la Biblia sabemos que finalmente Dios entrará en su creación.[13] El Señor es parte de la creación tanto de modo *general* (gracia común) como *redentor* (gracia de salvación).

La gracia común es esa gracia o «favor» (literalmente *gracia* significa «favor inmerecido») que se derrama sobre todas las personas en todas partes. La gracia común proporciona todo el bien que conocemos: tierra, estaciones, lluvia, sol, cosechas, belleza, amor, familia, amistad, etc. Jesús expresó: «Su Padre … hace que salga el sol sobre malos y buenos, y que llueva sobre justos e injustos».[14] En cierta ocasión en que el apóstol Pablo estaba predicando a paganos que nunca habían oído hablar de Jesús, exclamó: «En épocas pasadas él permitió que todas las naciones siguieran su propio camino. Sin embargo, no ha dejado de dar testimonio de sí mismo haciendo el bien, dándoles lluvias del cielo y estaciones fructíferas, proporcionándoles comida y alegría de corazón».[15]

Dios da testimonio dando. Esto es gracia común. Pablo proclamó frente a otro grupo de incrédulos: El Señor no «se deja servir por manos humanas, como si necesitara de algo».[16] Gracia común es la participación de Dios en el mundo, haciéndolo mejor para toda la humanidad, independientemente de si esta cree o no en él. Creo que la medicina y la tecnología son ejemplos de la gracia común.

Vivo en Oklahoma. Somos parte de lo que se conoce como «el callejón de los tornados». Durante nuestras monstruosas tormentas prendo la televisión y observo cómo los rastreadores de tormentas logran ubicar la posición exacta de un tornado con algo que llaman radar Doppler. Siempre pienso: *Gracias, Señor. ¡Gracias por hacer este mundo más seguro y más agradable al dar a conocer a las personas cómo funcionan las leyes de la naturaleza!* Esto es gracia común, amor de Dios en acción para «justos e injustos».

La ley de la atracción está justo en medio del dominio de la gracia común. Dios aun participa; pero usted no tiene que reconocer que él participa para experimentar el beneficio de la gracia común. Él participa cuando usted planta un jardín, se enamora, se ríe de un chiste, o siente satisfacción al terminar un proyecto. Él está en todo lo bueno que experimentamos. Además está involucrado cuando usted experimenta las manifestaciones físicas de lo que ocurre en su cabeza por medio de la ley de la atracción.

La buena noticia es: *hay más*. El Señor también tiene *gracia redentora*. En ella es que encontramos a Dios en un nivel mucho más directo. Experimentamos su presencia, su perdón, y el fruto del Espíritu Santo; obtenemos acceso a sus promesas; y participamos de su vida eterna. Sin duda, esto supera cualquier ascenso, cualquier auto nuevo, o cualquier otra cosa que le pueda brindar la ley común de atracción. Sin embargo, las dos gracias están ligadas. El camino más rápido para descubrir la gracia redentora está al reconocer que el Señor es la fuente de la gracia común. En otras palabras, alabar a Dios por todo lo bueno en la vida de usted.

«Alabar a Dios» es fundamental para los humanos, no porque él sea alguna clase de ególatra. Alabar al Señor es sencillamente reconocer que él es responsable por todo lo bueno que conocemos. Me han elogiado por trabajos que he realizado. Esta es una forma de agradecer. Cuando hacemos esto a Dios —cuando lo reconocemos por la gracia común— se nos abre la puerta a la gracia redentora, ¡la cual es gracia común con esteroides! (Más tarde volveremos a tocar este punto.)

Somos como Miguel Ángel

Cuando usted comprende que el Señor diseñó que su calidad de vida esté directamente relacionada con sus pensamientos, usted se vuelve más cuidadoso respecto de lo que piensa. Es asombroso descubrir que usted es el único atrayendo hacia su vida las personas, los empleos, sus circunstancias, su salud, su riqueza, las deudas, la alegría... todo. Esta ley ordena que nos venga lo que abriguemos en nuestra mente; lo atraemos como un imán jala un metal. En otras palabras, *ocasionamos cualquier cosa en que pensamos.*

Los pensamientos se vuelven como el cincel en nuestras manos. Cuando Miguel Ángel esculpió la estatua *David* era el único encargado de la imagen que iba a aparecer. De igual modo, la calidad de nuestras emociones, nuestras relaciones, nuestras profesiones —básicamente todas las cosas con que nos relacionamos— se pueden esculpir voluntariamente al entender la ley de la atracción y colaborar con ella; podemos ser nuestro propio Miguel Ángel. Dios no es quien nos frena o trata de hacer que perdamos la vida. Él nos da la vida como un regalo. Él quiere que aprendamos a dominarla, igual que hacemos con cualquier otra de las leyes de la naturaleza, para nuestro beneficio.

Imagine cómo aprender a vivir bien; aprender a ser mejor siendo feliz, como los agricultores han mejorado con cosechas crecientes; aprender a discutir diferencias en nuestras relaciones, como los médicos han aprendido a realizar operaciones de modo menos dañino y con más rápidos tiempos de recuperación. Este es el gran secreto, y tenemos que aprender a cooperar con él. Debemos empezar esperando que sucedan cosas buenas en vez de temer lo peor. Debemos ser más optimistas y menos preocupados innecesariamente. Y esto está disponible para todos, ¡incluso aquellos sin fe!

Agregue gracia redentora, por medio de su fe en Cristo, por sobre su conocimiento de la ley de la atracción, y alístese para la vida verdadera, de la que Jesús describe así: «Para el que cree, todo es posible»,[17] y «Crean que ya han recibido todo lo que estén pidiendo en oración, y lo obtendrán».[18]

¡Qué clase de vida tendríamos si llegáramos a dominar la gracia común y usáramos nuestra fe para correr tras la gracia redentora? Probablemente nos veríamos como hijos e hijas de Dios. Estaríamos repletos de esperanza, llenos de afecto por los demás, entusiastas por la vida, tranquilos, rebosantes de compasión, seguros en la dificultad, convencidos de la bondad de Dios en cada persona y cada cosa (aunque conscientes de la corrupción), involucrados con compromisos leales, temerosos de forzar nuestro camino en la vida, y capaces de ordenar y dirigir sabiamente nuestras energías. Por supuesto, la vida sería agradable. Y aun más agradable de lo que sugieren los defensores modernos del uso de la ley de la atracción. Déjelos desarrollar esa estrecha gama de preocupaciones de clase media: casas, autos y vacaciones costosas… con los seres queridos y el resto de la humanidad en alguna parte dentro de la mochila (solo ocupados de si eso *les* hace sentir bien). Estos tipos solo *creen* que están usando la ley de la atracción. Los creyentes la usan *de veras.* Demos a continuación una mirada más de cerca a cómo hacerlo.

3

Cómo usar la ley de la atracción

¡Por qué ocurren cosas en nuestras vidas del modo en que suceden? ¿Por qué las personas nos tratan como lo hacen? ¿Por qué algunos individuos parecen experimentar constante buena suerte, mientras otros sufren? ¿Es el destino? ¿O hay otras fuerzas funcionando en el mundo? ¿Suceden cosas buenas a algunos y malas a otros porque Dios ama a unos pero mortifica a otros?

Aunque no estoy dispuesto a participar de la idea de que controlamos *todo* al utilizar la ley de la atracción, sí creo que tenemos el control de mucho más de lo que la gente cree. Y el secreto nos ofrece el conocimiento para tomar más control.

Winston Churchill manifestó: «Usted crea su propio universo mientras conquista». ¿Y si eso fuera cierto? ¿Y si los seres humanos, que somos hechos a imagen de Dios, estamos destinados por él a ser parte del proceso creativo?

Rhonda Byrne afirma en su libro *El secreto* que disponemos del poder de cambiar *todo*, y lo hacemos escogiendo los pensamientos que tenemos y sintiendo las sensaciones que sentimos. Ella sostiene que atraemos las cosas que llegan a nuestras vidas por medio de nuestros pensamientos prolongados y nuestros sentimientos persistentes.

¿Y si hubiera en realidad algo de esto?

Pienso en las muchas veces que esto se ha efectuado en mi vida. Cada vez que me preparo para una nueva serie de mensajes en la iglesia que pastoreo observo que me topo con conversaciones, artículos o programas de televisión que tratan exactamente con lo que estoy preparando para exponer. ¿Cuántas veces ha oído usted una prédica y se quedó impactado por el hecho de que *acababa* de pensar en ese asunto? ¿Parecería en realidad como si el pastor estuviera leyéndole la mente?

¿Cuántas veces ha pasado por su mente alguien en quien no había pensado en mucho tiempo, y luego, a los pocos días, alguien le habla de esa persona, o usted la oye en persona?

¿Qué está pasando? ¿Se trata solo de una casualidad, o hay alguna clase de aura que flota en el mundo, atrayendo hacia usted personas y cosas en que piensa? Es indudable que imaginar que los pensamientos actúan en esta forma da intensidad y perceptibilidad al proceso; lo hace más *real.* La posibilidad de que sus pensamientos y sentimientos sean de veras transmitidos al mundo, y que atraigan las mismas cosas que usted ha estado pensando y sintiendo, es un concepto muy disparatado.

Cómo funciona

Tengo que admitir que me parece fantástico cuando Byrne y su equipo hablan con seguridad científica acerca de cómo funciona todo esto, cuando en realidad solo están *suponiendo.* Las bases científicas de sus afirmaciones son claramente discutibles; ¿cómo se puede probar la idea de que el pensamiento emite una frecuencia que atrae hacia usted la contraparte física de ese pensamiento? Sin embargo, Byrne escribe: «Usted es como una torre humana de transmisión, que transmite una frecuencia con sus pensamientos».[1]

No creo que el libro esté tratando realmente de probar su hipótesis de cómo actúa la ley de la atracción, tanto como trata de hacer que el concepto sea más concreto y accesible para las personas. Además, aunque usted se pueda sentir incómodo respecto de la figura de «transmisión», no debería ofenderse y rechazar lo que se le dice debido a esa figura.

A menudo los seguidores de Cristo temen tratar de entender lo que consideramos que son asuntos de fe. La verdad es que nos alegra dejar en el dominio del «misterio» mucho de lo que creemos. Creemos que los asuntos de fe deberían permanecer *desconocidos.* Tratar de explicar procesos que comúnmente son desconocidos viola nuestra sensibilidad de *misterio* y *fe*, así que tendemos a calificar cualquier intento de hacer eso como «locura», «diabólico», o «herejía de la Nueva Era». Pero el hecho de que no hayamos reflexionado en maneras concretas en que suceden cosas en nuestras vidas, no quiere decir que intentarlo sea locura, diabólico o herejía de la Nueva Era. *No se apresure.* Creo que nos haría bien tratar de plantear hipótesis acerca de posibles formas de que tales asuntos funcionan en realidad.

Considere la oración. ¿Cómo funciona en el mundo? Sencillamente creemos que funciona. Sin embargo, ¿qué tal si hablamos de *cómo* funciona, de su naturaleza típica? ¿Podría haber alguna clase de energía que irradia de nuestras almas hacia Dios, algo que para él es tangible y perceptible? La Biblia afirma que en el cielo hay «copas de oro llenas de incienso, que son las oraciones del pueblo de Dios».[2] ¿Y si eso fuera literal? ¿Y si nuestras oraciones pudieran en realidad ser capturadas por Dios y puestas en «copas» de verdad? Imagine eso la próxima vez que ore.

Pablo llama al creyente «aroma de Cristo» y «olor de vida».[3] ¿Qué tal que eso sea *literalmente cierto* en el reino de lo eterno? (Eso significaría que el Señor nos huele, y que olemos bien.) El solo hecho de que no podamos ver cómo actúan esas cosas no quiere decir que no exista una manera real en que actúen. Y aunque ahora no tengamos forma de medir estas cosas, ¿qué tal que en futuro sí podamos hacerlo?

Dios creó todo el universo usando leyes que hemos tardado milenios en comprender. Recientemente acabamos de entender patrones del clima, del espacio profundo, del genoma humano, y de las maravillas del cuerpo humano. La década de los noventa fue llamada «la década del cerebro» en que los científicos descubrieron montones de nuevos hechos acerca de cómo funcionan nuestros cerebros. ¡Ahora sabemos que las sensaciones de estrés, alegría, aprensión o miedo en realidad están asociadas en nuestros cerebros con químicos y procesos eléctricos susceptibles de ser medidos! ¿Qué tal que en el futuro podamos detectar alguna clase de «campo de energía» que demuestre la utilidad física de la ley de la atracción? Los religiosos deben dejar de ser tan nerviosos e irritables respecto de nuevos descubrimientos y nuevas ideas.

Si alguien debería abrir la mente, estos son los creyentes. Después de todo nos podemos sentir seguros cuando exploramos cosas, porque estamos ligados a las Escrituras.

Evidencia bíblica

Aunque usted no lo crea, hay evidencia bíblica de que se lleva a cabo alguna clase de actividad física cuando pensamos, sentimos y actuamos en el mundo. En el libro de Jeremías se usa noventa veces la palabra hebrea *ra'a*. Para Jeremías, *ra'a* era la entidad a la que Dios prestaba atención especial cuando esta emergía de su pueblo, Israel. El teólogo Klaus Koch explica: «[*Ra'a*] es un aura, con efectos en el mundo, un aura que rodea al individuo particular, que da lugar a su propio destino».[4] Jeremías veía el *ra'a* como una clase de transmisión de la condición emocional y espiritual de Israel que entraba al mundo y luego regresaba a Israel con el fruto de esa condición.

De ahí que Jeremías declarara a su pueblo: «Tu camino y tus obras te hicieron esto; esta es tu maldad, por lo cual amargura penetrará hasta tu corazón».[5] El *ra'a* estaba atrayendo horribles cosas negativas a las vidas de los israelitas.

¿Es en realidad tan difícil imaginar que muchas de las circunstancias en su vida las estén literalmente afectando fuerzas que yacen dentro de *usted*? Y si eso es cierto, ¿no debería usted dar prioridad a aprender cómo poner en orden esas fuerzas?

Cómo controlar sus pensamientos

Si sus pensamientos están jalando cosas hacia usted, entonces es obvio que desearía dejar de tener malos pensamientos. *Pensamientos* saturados de terror, miedo, pecado, odio, orientados a escasez, y con base en la vergüenza atraen hacia usted terror, miedo, pecado, odio, mezquindad, escasez y *experiencias* vergonzosas. El antiguo cántico de Escuela Dominical expresa: «Ah, ten cuidado, pequeña mente, de lo que piensas». No es broma.

Por tanto, ¿de qué manera empieza usted a tratar su vida pensante? Los investigadores nos dicen que tenemos miles de pensamientos al día; tratar de controlarlos todos sería imposible. Pero he aquí buenas noticias: las emociones son indicadores de los pensamientos. Si usted se siente bien, está teniendo buenos pensamientos. Si se siente mal, está teniendo malos pensamientos. Las sensaciones son como titulares del periódico: le dicen de qué trata la historia; le «ponen título» a la letra pequeña de su vida pensante.

Aunque esta afirmación es una simplificación exagerada, un atajo para usar la ley de la atracción para su beneficio es *hacer* las cosas con las cuales se siente bien, y *evitar* aquellas con las que se siente mal. (Si usted es seguidor de Cristo, y está pensando más allá, ya ve los problemas con este punto de vista... pero siga adelante. Llegaremos a eso en un momento.)

Byrne y sus colaboradores recalcan una y otra vez este punto:

> Usted tiene dos grupos de sentimientos: buenos y malos; y conoce la diferencia entre ellos porque unos lo hacen sentir bien y los otros lo hacen sentir mal. Son las sensaciones de depresión, ira, resentimiento y culpa las que no le hacen sentir vencedor. Lo que anima es que usted tiene emociones y sentimientos buenos. Sabe cuándo vienen porque le hacen sentir bien. Imagine si pudiera sentir todos los días entusiasmo, gozo, gratitud, amor. Cuando usted festeja los sentimientos buenos está atrayendo más sentimientos buenos, además de las cosas que lo hacen sentir bien.[6]

Byrne afirma que nuestros pensamientos producen una «frecuencia», y que nuestros sentimientos nos dicen de inmediato en qué frecuencia estamos. Cuando nos sentimos mal, estamos en la frecuencia que atrae más mal hacia nosotros. La ley de la atracción actúa para asegurarnos que experimentemos más de lo estamos sintiendo actualmente: bueno o malo.

Esto implica que debemos aprender a poner atención a nuestros sentimientos. Aprender a manejar los sentimientos es mucho más fácil que tratar de manejar miles de pensamientos. Sin embargo, *hay mucho más sobre este secreto.*

Los momentos difíciles

Entiendo que el equipo de Byrne quiere animarnos a atraer cosas buenas: «Si usted se está sintiendo bien, entonces está creando un futuro que sigue la pista de sus deseos. Si se está sintiendo mal, está creando un futuro que pierde la pista de sus deseos».[7] Pero luego hacen declaraciones radicales como: «Cuando entendí de verdad que mi objetivo principal era sentir y experimentar alegría, entonces comencé a hacer *solamente lo que me producía gozo.* Tengo un dicho: "Si no me divierte, ¡no lo hago!"»[8]

¿Cómo funciona exactamente *eso*? ¿Cómo hago solamente lo que me divierte? Byrne nos insta una y otra vez a hacer únicamente lo que nos gusta hacer, mientras evitamos lo que *no* nos gusta hacer. En cierto momento hasta nos dice: «Si experimenta alegría al comer un sándwich de salami, ¡entonces hágalo!»[9]

Está bien. Sin embargo, ¿qué tal que en realidad me guste tanto comer sándwiches de salami que hago que se obstruyan mis arterias y me da un paro cardíaco? ¿Es eso de veras *divertido*?

Me parece que en un intento de simplificar el asunto, los defensores del uso moderno de la ley de la atracción están abriendo una caja de Pandora. Existen dos clases de diversión, dos clases de alegría. Existe lo divertido de comer lo que queramos y convertirnos en teleadictos, y existe lo divertido de la buena salud que viene después de participar en la molestia de hacer ejercicio y de comer bien. Está lo divertido de salir todas las noches con amigos, ver películas, jugar cartas, y pasarla bien, y luego está lo divertido de conseguir un empleo fabuloso al haber sufrido la angustia de obtener una educación, leer libros aburridos, y agonizar por esos trabajos escritos que exigen al finalizar cada trimestre.

Que algo sea difícil e incómodo a corto plazo no significa que debamos evitarlo. Sufrimientos de corto plazo logran a menudo beneficios de largo plazo. Si usted «cree» que la ley de la atracción es *hacer cualquier cosa que ahora le hace sentir bien,* entonces se está dirigiendo a una vida de sufrimiento. W. Beran Wolfe escribió décadas atrás:

> Si usted ha esquivado todo lo desagradable en su vida, su felicidad está en desequilibrio por el terror constante de que a la vuelta de la esquina hay alguna desilusión inevitable. Si usted ha resistido dolor y desilusión, no solo valora más altamente su felicidad sino que está preparado para lo imprevisible. Podría haber muchos vegetales humanos felices que han triunfado evitando la infelicidad y el dolor, pero no se pueden llamar a sí mismos humanos.[10]

Gran parte de las cosas buenas solo se pueden obtener *después* de haber atravesado la «tierra de lo difícil». En vez de evitar algo que nos hace sentir mal, reflexionemos en si en realidad eso es o no es bueno. Consideremos el futuro. ¿Cómo sería nuestra vida si continuamos con ese curso de acción? ¿Sería bueno? ¿Sería más rica nuestra existencia? Si determinamos que es algo bueno (aunque hacerlo nos haga sentir mal ahora), decidamos empezar a pensar en eso de modo distinto, y evitemos considerar el dolor debido al gozo de la recompensa. Por tanto, *llevemos a cabo* lo incómodo, lo difícil, pero hagámoslo con gozo. Reafirmemos nuestras emociones y comprometámonos con lo importante. No permitamos que nuestros sentimientos establezcan el curso de nuestra vida; si lo hacemos, hay la posibilidad de terminar arruinando muchas cosas que podrían haber sido maravillosas.

Piense en un matrimonio con problemas. ¿Qué hace usted con él? ¿Le hace caso omiso? Una de las leyes de la relación es: *la tensión demanda atención.* Eso sin duda no es *divertido.* Y la mayoría de personas se sienten mal al confrontar a otros sobre asuntos que es necesario enfocar. Así que lo evitan por completo. Hay más gozo en evitar que en confrontar, al menos al principio. El problema es que los matrimonios que evitan la confrontación archivan asuntos críticos con los que deben tratar. Con el tiempo el archivo se llena, y finalmente se desborda.

Bill Hybels escribe:

> Individuos de buen corazón hacen todo lo posible para evitar cualquier clase de confusión, descontento o trastorno en una relación. Si hay un poco de tensión en el matrimonio y un cónyuge pregunta al otro: «¿Qué pasa?», el sensible contesta: «Nada». Lo que en realidad está diciendo es: «Algo está mal, pero no quiero hacer una escena». Al preferir la paz dejando de decir la verdad, estas personas creen que están siendo nobles, pero en realidad están tomando una mala decisión. Volverá a aparecer lo que causó la tensión. Será más y más difícil conservar la paz. Un espíritu de desilusión empezará a fluir por las venas de quien mantiene la paz, produciéndole primero ira, luego amargura y finalmente odio. ¡Las relaciones pueden morir mientras en apariencia todo parece pacífico!
>
> La paz a cualquier precio es una forma de engaño de Satanás. Cuando usted sabe que debe decir la verdad, el diablo le susurra en el oído: «No lo hagas. Él (o ella) no escuchará. No hará caso. Empeorarán las cosas. No vale la pena». Si usted cree esas mentiras existe la gran posibilidad de que tarde o temprano mate su relación.[11]

La verdad es que se debe aceptar la confrontación; es una clave para la verdadera intimidad, y esta *es* divertida.

¿Y qué hay con criar hijos? Nunca he disfrutado al corregir a mis hijos. Soy la clase de padre a quien le encanta darles todo lo que quieren. Pero dar siempre a los hijos lo que quieren es una fórmula para criar dictadores tercermundistas, no adultos responsables. Criar hijos hasta que sean adultos responsables exige que hagamos algunas cosas que *no* son divertidas.

Sentirse mal acerca de lo que se está haciendo no hace necesario dejar de hacerlo. Si eso fuera verdad, ¿por qué hacer *algo* difícil? ¿Por qué levantarse e ir a trabajar? Eso a veces es difícil. ¿O por qué no ir a trabajar y sencillamente sentarse en su oficina, recortar figuras de lo que quiere, e imaginar que en su correo están ingresando millones de dólares en bonos?

¿Por qué ir a estudiar al colegio? Eso no divierte. Simplemente tenga buenas sensaciones e *imagine* sacar las mejores notas en sus exámenes. ¿Por qué hacer ejercicio en el gimnasio? Eso definitivamente es duro. Duele. ¿Por qué sencillamente no comer sándwiches de salami y hacer siesta todo el día? Simplemente acepte las «sensaciones» de estar en forma... solo «imagine» que tiene una gran salud.

En realidad no creo que Byrne y su gente estén diciendo todo *eso*, pero sin duda no están advirtiendo contra lo otro. Byrne escribe: «Lo más importante que usted debe saber es que es imposible sentirse mal y al mismo tiempo tener buenos pensamientos. Cuando usted se siente mal está en la frecuencia de atraer más cosas malas. Cuando se siente mal, realmente está diciendo: "Tráiganme más circunstancias que me hagan sentir mal. Tráiganlas"».[12] Ella continúa: «Cuando usted se está sintiendo mal, esto es una comunicación con el Universo, y en realidad se está comunicando: "¡Cuidado! Cambie ahora el pensamiento. Grabando en frecuencia negativa. Cambie la frecuencia. Cuenta regresiva hacia la manifestación. ¡Advertencia!"»[13]

Se supone que la vida sea buena

Sí, nuestros pensamientos y sentimientos componen la mayor parte de lo que llamamos «vida», y crean un aura que sale y nos trae de vuelta circunstancias comparables. Buenos pensamientos y buenas emociones atraen buenas situaciones; los malos atraen malas situaciones. El Señor nos dio la vida como un regalo; se supone que sea buena. La vida no tiene que ser un tedio y una lucha constantes. Debemos evitar malos pensamientos y malas emociones, y reemplazarlos por buenos. Pero recuerde que inclinarse solo ante las buenas sensaciones puede constituir una evasión y no un uso eficaz de cualquiera de estas ideas.

Nuestros pensamientos y sentimientos se reflejan de nuevo en nuestras vidas; crean las circunstancias que nos rodean. ¿Ha entrado usted alguna vez a un salón donde hay individuos que han estado peleando? El aire está cargado de maldad. En el salón hay una negatividad palpable. Al contrario, ¿qué pasa en hogares llenos de respeto y amor? El aire es ligero y fresco. Los cuartos son de algún modo más brillantes. ¿Cuál es la diferencia entre una casa atiborrada de conflictos y otra llena con afecto y respeto? Sencillamente los pensamientos y sentimientos que las personas tienen unas por otras.

Recuerde las palabras de Churchill: «Usted crea su propio universo mientras conquista». Debemos llegar a dominar nuestros pensamientos y sentimientos, *ellos crean nuestra realidad.* Con esto no estoy sugiriendo que no se deba alabar a Dios. Para empezar, él es el responsable de crear esas leyes. Cuando presenciamos las cosas buenas que llegan a nuestras vidas como resultado de la ley de la atracción, ¡podemos alabar al Señor con tanto entusiasmo como lo hace el agricultor por una cosecha abundante! Sí, el agricultor es quien, con su propio sudor, labró el campo; pero sigue siendo Dios quien, apropiadamente, es digno de toda la adoración.

Moisés desafió a los israelitas sobre este mismo punto. Les dijo: «No se te ocurra pensar: "Esta riqueza es fruto de mi poder y de la fuerza de mis manos". Recuerda al SEÑOR tu Dios, porque es él quien te da el poder para producir esa riqueza; así ha confirmado hoy el pacto que bajo juramento hizo con tus antepasados».[14]

4

Tengo un sentimiento

Hablemos un poco más de los sentimientos; si vigilarlos es importante para utilizar el poder que conlleva la ley de la atracción, debemos entenderlos muy bien. *Piense en esto*: sus sentimientos son imanes que atraen bien o mal a su vida: su hogar, sus hijos y sus relaciones. *¡Vaya!* Usted tendrá que ponerse a trabajar en esto... *rápido.*

Pero antes de ahondar más haré una afirmación rápida y completa. Como ya dije, a diferencia de las declaraciones hechas por quienes promueven el uso más común de la ley de la atracción, *los pensamientos y sentimientos no son las únicas fuerzas que actúan en su vida.* Siendo iguales todas las cosas, la ley de la atracción funciona, así como funciona la ley de la siembra y la cosecha. Sin embargo, hay ocasiones en que están apropiadas de antemano por la presencia de otras fuerzas.

Por ejemplo, todo agricultor aborda la estación de sembrar con la confianza de que va a actuar la ley de la siembra y la cosecha. Y en la mayoría de casos es así. ¿Pero y si en esa estación se produce una sequía, un huracán o una helada? La cosecha se dañará. El agricultor no concluiría entonces que la ley de la siembra y la cosecha ya no funciona; reconocería que entraron otras fuerzas y reemplazaron a la ley de la siembra y la cosecha.

Piense en la ley de la gravedad. Siempre está presente. No obstante, ¿cómo explica esos poderosos objetos metálicos que surcan el cielo? No es que la ley de la gravedad no afecte a los aviones; es que ellos funcionan bajo una ley diferente: la ley del impulso. La ley del impulso en este planeta puede suplantar a la ley de la gravedad.

Discrepo con el último uso de la ley de la atracción debido a la reticencia de sus defensores de que la ley puede ser echada a un lado por otros poderes. Ellos no discuten esto. Por el contrario, constantemente sostienen la idea de que la ley misma es soberana, que no hay fuerza o ley que pueda desplazarla. Ellos arguyen que si ponemos a funcionar esta ley, esta triunfará todas las veces, sin excepciones. Pero *existen* otras fuerzas más grandes que la ley de la atracción. Echemos una mirada.

El secreto y Dios

Dios y su voluntad siempre tendrán prioridad sobre el secreto. Usted puede afirmar que el Señor no existe, y que la «ley de la atracción» funciona para usted todo el tiempo, pero eso no significa que las cosas terminarán como usted se imagina. Jesús dijo mucho a sus seguidores en esta historia:

> El terreno de un hombre rico le produjo una buena cosecha. Así que se puso a pensar: «¿Qué voy a hacer? No tengo dónde almacenar mi cosecha». Por fin dijo: «Ya sé lo que voy a hacer: derribaré mis graneros y construiré otros más grandes, donde pueda almacenar todo mi grano y mis bienes. Y diré: Alma mía, ya tienes bastantes cosas buenas guardadas para muchos años. Descansa, come, bebe y goza de la vida». Pero Dios le dijo: «¡Necio! Esta misma noche te van a reclamar la vida. ¿Y quién se quedará con lo que has acumulado?» Así le sucede al que acumula riquezas para sí mismo, en vez de ser rico delante de Dios.[1]

Considere la cultura

Luego está la fuerza de las creencias de la mayoría, el modo de pensar colectivo de la cultura en que vivimos. Como quiera que lo imagine, no logrará que la «ley de la atracción» aleje el problema de las drogas de Estados Unidos por su cuenta teniendo pensamientos «buenos» y sintiendo «buenas» emociones. Tampoco desterrará el racismo y el machismo, ni solucionará la difícil situación de los pobres, poniéndose a recortar figuras felices y trayendo a la memoria «pensamientos de felicidad».

El problema del pecado

Luego está la fuerza de la *ley del pecado y de la muerte.*[2] Esta es la ley responsable de poner a todo el mundo en una trayectoria negativa desde la caída en Génesis 3. Sí, Dios está obrando para restaurar eso, pero esa es la obra de la gracia redentora, la cual es de un orden superior a la gracia común, en la que actúa la ley de la atracción. Por eso, aunque cambiemos mucho en nuestras vidas con la ley de la atracción, no podemos cambiar lo *suficiente.* No podemos «pensar» en salvarnos por nosotros mismos; ni podemos cultivar suficientes pensamientos buenos para salvarnos por nuestra cuenta… el mundo aún necesita un Salvador.

El secreto y Satanás

Finalmente, existe la ley del *reino de las tinieblas.* La Biblia declara que «el mundo entero está bajo el control del maligno».[3] Bueno, ¡*existe* un mal pensamiento! Usted puede tratar de hacerle caso omiso; puede tratar de usar los «trucos» que propugna el equipo de Byrne, como los «Transformadores secretos»[4] (ejercicios que cambian instantáneamente el estado de ánimo, como escuchar una pieza favorita de música, cantar o recordar una experiencia grandiosa o un momento divertido), pero estos no lo liberarán a usted de esta atadura espiritual.

Pablo explica nuestra funesta condición: «En otro tiempo ustedes estaban muertos en sus transgresiones y pecados, en los cuales andaban conforme a los poderes de este mundo. Se conducían según el que gobierna las tinieblas, según el espíritu que ahora ejerce su poder en los que viven en la desobediencia. En ese tiempo también todos nosotros vivíamos como ellos, impulsados por nuestros deseos pecaminosos, siguiendo nuestra propia voluntad y nuestros propósitos. Como los demás, éramos por naturaleza objeto de la ira de Dios».[5]

No podemos usar la ley de la atracción para salir de esto. Jesús debió morir para remediarlo. Le costó la vida romper el dominio de Satanás sobre la humanidad, y no usó simplemente alguna idea secreta. Como resultado del asombroso amor y sacrificio de Jesús, la Biblia informa: «Él nos libró del dominio de la oscuridad y nos trasladó al reino de su amado Hijo».[6]

Destrucción de fortalezas

Concuerdo con el equipo de Byrne en que no deseamos vivir sintiéndonos mal. También estoy de acuerdo en que sentirse mal es un indicador de que estamos teniendo malos pensamientos. Tampoco queremos hacer eso. Los patrocinadores de la filosofía moderna de la ley de la atracción creen que si usted se siente bien, entonces el futuro que consecuentemente está creando por sí mismo corre en la misma dirección que sus deseos. Si se siente mal, entonces es cierto lo opuesto. Las cosas que usted quiere y el futuro que está creando estarán en diferentes senderos. Y puesto que toda imaginación y emoción está creando la vida que usted tiene por delante, entonces debe tener cuidado de no permitir que le gobiernen la mente pensamientos negativos. Si lo hace, entonces sin duda le vendrán consecuencias negativas. Por ejemplo, mientras más ansiedad usted sienta a diario, más ansiedad traerá a su vida, todos los días. (Recuerde, la ley de la atracción está en acción *en todo momento.*)

De acuerdo. Pero discrepo con todo intento de dar a los malos pensamientos una rápida reparación. Por ejemplo, el equipo de Byrne nos asegura: «Cuando usted se siente deprimido, ¿sabe que puede cambiar eso en un instante? Ponga música hermosa, o empiece a cantar, eso cambiará su emoción. O piense en algo agradable. Piense en un bebé o en alguien a quien ama de veras, y medite en él o ella. Mantenga realmente ese pensamiento en la mente. Bloquee todo menos ese pensamiento. Le garantizo que empezará a sentirse mejor».[7]

Coincido con esta afirmación en *algunos* casos (como cuando ocurre que el pensador es un individuo emocionalmente sano y espiritualmente maduro), pero tendría que decir sinceramente que en la mayoría de casos no funciona. Puesto que los sentimientos son indicadores de lo que está pasando *de veras* en nuestro interior, entonces tomar medidas inmediatas para abandonarlos en un intento por asegurar buenos pensamientos puede en realidad ser una forma de *negación.* La negación no es algo bueno.

Sentirse mal tiene cierto nivel de complejidad. Para empezar, quizás usted no entienda por qué de pronto se está sintiendo mal. A menudo desarrollamos patrones de pensamiento que nos hacen sentir mal, y los hemos tenido por tanto tiempo que ni siquiera recordamos qué pensamientos acogieron originalmente el patrón. Sencillamente vivimos el mal sentimiento. Otros podrían ser consecuencia de falta de perdón que estamos abrigando contra alguien. Una sensación de temor podría merodear en el fondo de nuestra psiquis por una falla en el pasado, de modo que siempre que caigamos en una situación parecida a aquella en que fallamos empezamos de pronto a sentir otra vez todas esas malas sensaciones (algunas veces sin siquiera saber conscientemente *por qué*).

Algunos de nosotros tenemos sentimientos de inferioridad hondamente asentados, o una sensación profundamente arraigada de vergüenza; estas cosas atestan nuestras emociones con toxicidad.

Todos estos patrones complejos de pensamiento pueden producir malos sentimientos crónicos, de consecuencias catastróficas. No podemos dejar que permanezcan en nuestras almas. Hacerlo causará que la ley de la atracción actúe en perjuicio de nosotros: atrayendo continuamente acontecimientos, circunstancias y sentimientos que afirman nuestro fracaso, nuestra inferioridad, nuestra vergüenza, etc. Sin embargo, sugerir que sencillamente saquemos estas cosas de modo instantáneo cantando, comiendo un sándwich de salami, o acariciando al gato de la familia, parece un tanto ridículo o, peor aun, excesivamente optimista. Esto no es transformación; es *simular*. Es negación de la peor especie.

Bíblicamente a estos patrones intrínsecos y negativos de pensamiento que producen malos sentimientos se les denomina «fortalezas»,[8] y se les llama así porque nos «sujetan», y lo hacen muy *fuertemente*. Dios no quiere que los seres humanos vivamos *atrapados en la tierra*. Él desea que nos sintamos bien y que seamos felices.

Atienda las palabras de Jesús a sus aprendices: «Vengan a mí todos ustedes que están cansados y agobiados, y yo les daré descanso. Carguen con mi yugo y aprendan de mí, pues yo soy apacible y humilde de corazón, y encontrarán descanso para su alma. Porque mi yugo es suave y mi carga es liviana».[9] Dios prometió a su pueblo, los israelitas, mientras aún estaban cautivos en el imperio babilónico: «Yo sé muy bien los planes que tengo para ustedes, planes de bienestar y no de calamidad, a fin de darles un futuro y una esperanza».[10]

El Señor promete libertad y una manera de ayudarnos constantemente a sentirnos bien, pero el camino hacia la libertad, donde las fortalezas pierden su control, no es alguna clase de fingimiento barato. No se supone que engañemos a nuestras mentes haciéndoles creer que vivimos en el país de las maravillas, cuando en realidad acampamos exactamente fuera de las puertas del infierno. Nuestra libertad está asegurada cuando nos tomamos de la mano del Señor y dejamos que él nos guíe por el precario sendero de tratar de manera adecuada con el pasado y enfrentar con gozo el futuro.

Solamente las herramientas que Dios proporciona «tienen el poder divino para derribar fortalezas».[11]

Cómo ponerse en contacto

Quienes somos seguidores de Jesús estamos bastante orientados en la fe... tanto que a veces hacemos caso omiso de nuestros sentimientos. Solemos caer en ese hábito cuando amamos a alguien que no podemos ver. Pero hacer caso omiso o suprimir nuestros sentimientos no es algo bueno de hacer. Es más, hacerles caso omiso nos impide ser radicalmente transformados por Dios.

Peter Scazzero hace en su libro *Emotionally Healthy Spirituality* [Espiritualidad emocionalmente sana] un brillante trabajo de analizar la aversión del cristiano promedio hacia los sentimientos, y cómo esto guía con frecuencia a ira y frustración sin resolver. Scazzero manifiesta que es difícil que muchos creyentes anden bien por ahí porque no han aprendido a procesar las emociones que están profundamente arraigadas en su interior. Scazzero expresa que en vez de llevar al Señor nuestros malos sentimientos y nuestras malas emociones, los creyentes en realidad usamos a Dios para *huir de Dios*: «A primera vista todo parece estar en buenas condiciones y funcionando bien, pero no es así; todas esas horas y horas pasadas perdidas en un libro cristiano tras otro ... todas esas muchísimas responsabilidades cristianas fuera del hogar o yendo de seminario en seminario ... todo ese tiempo extra en oración y estudio bíblico. A veces usamos estas actividades cristianas como un intento inconsciente de escapar del sufrimiento».[12]

Capacitación sensible

Cada uno de nosotros fue creado físicamente con nervios que nos «advierten» al sentir dolor; así es como sabemos que nos hemos enterrado un clavo o que tenemos una infección. He aquí un pensamiento disparatado. ¿Y si en realidad Dios nos creó para experimentar malos sentimientos, de modo que tuviéramos indicadores incorporados de pensamiento equivocado? Usted podría preguntar: «¿Por qué haría él algo así?» Quizás así podamos enfocar el problema y experimentar sanidad. Sin duda nos haría reconsiderar los sentimientos negativos que enfrentamos. En vez de tratar de negarlos o de huir de ellos estaríamos tentados a rastrearlos hasta su origen, con la esperanza de que el Señor llegue a nuestro encuentro con sanidad.

Scazzero escribe:

> Muchos de los cristianos creemos incondicionalmente que el enojo, la tristeza y el temor son pecados que se deben evitar, que indican que algo está mal en nuestra vida espiritual. El enojo es peligroso y poco afectivo hacia los demás. La tristeza indica una falta de fe en las promesas de Dios; ¡sin duda la depresión revela una vida fuera de la voluntad del Señor! ¿Y el temor? La Biblia está llena de mandamientos como «no se inquieten por nada» y «no temas» (ver Filipenses 4.6 e Isaías 41.10).
>
> En consecuencia, ¿qué hacemos? Tratamos de inflarnos a nosotros mismos con una falsa confianza para hacer desaparecer esas sensaciones. Citamos la Biblia, oramos las Escrituras, memorizamos versículos... ¡lo que sea con tal de impedir que esos sentimientos nos abrumen![13]

Sostenemos que los sentimientos están a menudo impactados por las voces siniestras del mundo que nos rodea y de nuestros pasados; estas nos persiguen con creencias profundamente arraigadas, y nos hacen creer las siguientes mentiras:

- Soy una equivocación.
- Soy una carga.
- Soy un estúpido.
- No valgo nada.
- Debo recibir aprobación de ciertas personas para estar bien.
- No tengo derecho de experimentar alegría y placer.
- No tengo derecho de hacerme valer o de expresar lo que creo y siento.
- No tengo derecho de sentirme bien respecto de mí mismo.[14]

Scazzero resalta que no debemos enterrar estos sentimientos sino sacarlos a la luz en la presencia de Dios. Afirma que en realidad no podemos oír lo que el Señor está diciendo, o evaluar lo que está pasando dentro de nuestras vidas, si hacemos caso omiso de esos malos sentimientos. Debemos procesarlos, pero no deberíamos *pasarlos por alto* ni *suprimirlos.*

Por ejemplo, usted sabe que bíblicamente está obligado a amar a quienes lo rodean… pero digamos que existe este tipo a quien en cierto modo «quisiera odiar». Usted se niega a seguir alimentando sus sentimientos poco amorosos, no rechazándolos sino procesándolos. Le pide a Dios que le ayude a comprender *por qué* está teniendo esos pensamientos de odio. Quizás él le recuerda a alguien que lo lastimó a usted en el pasado. Usted entonces le pide que le ayude a perdonar, a apreciar y a amar a esa persona antipática, así como el Señor hace.[15] Al principio sentirá como si esto lo estuviera «matando», pero usted sigue confiando que Dios guía su alma para obrar el perdón y procesar sus sentimientos. Finalmente usted empieza a sentir amor por el individuo. A esta reorientación del modo de pensar la Biblia la llama haber «ejercitado su facultad perceptiva espiritual».[16]

El regalo del dolor

En resumen, los sentimientos son indicadores de nuestros pensamientos. Los malos sentimientos revelan que por nuestra cabeza están pasando malos pensamientos. Los buenos sentimientos indican que por nuestra cabeza están pasando buenos pensamientos. Es obvio que vamos tras buenos pensamientos, porque según la ley de la atracción nuestros pensamientos y sentimientos son imanes: atraen hacia nosotros cosas parecidas. Por tanto, no queremos malos pensamientos. Pero tampoco queremos estar en negación.

He aquí un rompecabezas: ¿Deberíamos sentirnos *bien* por estar *sintiéndonos* mal? Tal vez. ¿Por qué? Porque el dolor es un regalo, pues nos señala el lugar donde yace el problema.

Siempre que voy al médico con un dolor o malestar, él me pregunta: «¿Dónde le duele?» Cuando le expongo mis síntomas, él puede diagnosticar lo que está sucediendo, y recomendar un curso de acción. El dolor fue el *regalo* que reveló que había un problema en mi cuerpo; fue mi señal para reparar algo. En realidad el dolor no era el problema; el problema era el problema. El dolor solo me alertó la anomalía, me llamó la atención.

Lepra emocional

El doctor Paul Brand es famoso por su labor entre los leprosos. La lepra es uno de esos males de los que a la gente no le gusta hablar. Si no se la trata, la lepra deja a sus víctimas con horrible desfiguramiento: la nariz se atrofia, y se pierden dedos en manos y pies, luego se pierden las manos y los pies; y muchos quedan ciegos.

En su obra con leprosos, el doctor Brand descubrió que no era la enfermedad de la lepra la que hacía que la carne de los pacientes se deteriorara, al menos no directamente. El desfiguramiento era en realidad resultado del hecho de que ellos no sentían dolor. Los leprosos, a su vez, se destruían involuntariamente. Se paraban sobre trozos de vidrio y no los sentían. Se quebraban un dedo o se cortaban hasta vérseles el hueso sin tener la más mínima sensación.

Prepárese. La siguiente historia es vívida y cruda.

Un día el doctor Brand llegó a una de las leproserías en India para formar una comunidad clínica. Habían avisado por adelantado su visita, y cuando los administradores del campamento tañeron la campana para llamar la atención de los pacientes comenzó a moverse rápidamente un enorme grupo de leprosos hacia el sitio donde se formaba la clínica.

El doctor Brand vio que un joven paciente trataba de ganar la delantera a los demás hacia la tienda. Al principio se esforzó por atravesar el patio, usando sus muletas y sosteniendo levantada del suelo su pierna izquierda vendada. Pero cuando otros pacientes comenzaron a adelantársele, él decidió correr. Mientras el doctor Brand observaba, este joven se puso las muletas debajo del brazo y empezó a correr. Llegó casi a la cabeza de la fila, donde se paró jadeando, apoyándose en las muletas, y luciendo una enorme sonrisa de triunfo.

El doctor Brand se dio cuenta que algo estaba gravemente mal por la extraña manera en que el joven había estado corriendo. Al ir hacia él para investigar vio que los vendajes estaban ensangrentados, y que el pie izquierdo colgaba libremente de lado a lado. Al correr sobre un tobillo ya dislocado, el muchacho había puesto demasiada fuerza en el extremo del hueso izquierdo y había rasgado la carne bajo la presión. ¡Él no tenía idea de que estaba corriendo sobre el extremo del hueso de su tibia! Cuando el doctor Brand se arrodilló al lado del joven descubrió que dentro de la cavidad de la médula al extremo del hueso se habían metido pequeñas piedras y ramitas. No tuvo más alternativa que amputar la pierna exactamente debajo de la rodilla.[17]

De acuerdo; una historia horrible. Pero debí contarla por una razón: para mostrar que el *dolor es un regalo*, aunque es algo que la mayoría de personas no quiere. Pero si tratamos de evitar el dolor, o si hacemos caso omiso a las malas sensaciones, en realidad obtenemos lepra emocional, no transformación personal. Los malos sentimientos pueden revelar secretos acerca de lo que creemos y de cómo hemos manejado erróneamente el pasado, ¡lo cual a menudo puede corregir los malos pensamientos y llevar a nuevos niveles de gozo y libertad! No andemos por la vida evitando el dolor emocional. Solo empeoraremos la herida.

Ubique sus malos sentimientos. Llévelos a Dios. Luego pídale que le ayude a ver lo que le están indicando esas emociones, y permítale que él lo sane allí. Entonces usted estará listo para que actúe la ley de la atracción. Me encanta la obra que la escritora Rhonda Byrne ha realizado al poner la ley de la atracción en la vanguardia para muchos, pero hacer que funcione no es tan fácil como su libro sugiere; repito, *hay mucho más sobre este secreto...*

5

Por qué los cristianos se ponen nerviosos con esto

Ya hay quienes en círculos cristianos condenan la validez del libro de Rhonda Byrne, *El secreto.* Algunos están calificando la reciente reaparición de estas ideas como «el poder del pensamiento positivo encuentra la teología "denomínelo y afírmelo"». Otros están declarando que se trata solo de otra serie de tonterías trilladas de «gurúes de autoayuda», lo cual definitivamente no es nuevo *ni* secreto. Teólogos y filósofos astutos están prontos a señalar que esta última repetición de la ley de la atracción ha sido reempacada en antigua forma gnóstica: como *conocimiento secreto para la élite iluminada,* cuya sola consideración para los dolidos y privados del derecho de representación en el mundo es decirles que lo descubran por sí mismos.

Estoy de acuerdo en que hay problemas, como ya lo señalé. Pero pensar demasiado en los campos problemáticos puede llevarnos a menospreciar por completo las ideas, y en mi opinión eso sería una costosa equivocación. Es cierto que si alguien se preocupa se puede ahogar en diez centímetros de agua, pero ¿por qué hacerlo? No se necesita mucha energía para solo levantar la cabeza y evitar ahogarse. Los cristianos debemos tratar los peligros inherentes en *cualquier* filosofía, pero podemos hacerlo sin sumergir nuestros rostros en sus problemas hasta ahogarnos... perdiendo por tanto la verdad que ayudará a las personas. Las ideas en *El secreto* son de ayuda a las personas, incluso a aquellos de nosotros que ya somos seguidores de Cristo.

Siempre hay imperfecciones

Se podría discutir que no existe nada en este planeta que no haya sufrido algún grado de corrupción desde la caída. No deberíamos sorprendernos al toparnos con incongruencias o con aspectos indefendibles en las ideas que encontramos. La mayor parte del Nuevo Testamento fue escrito para tratar imperfecciones en las vidas de los primeros santos; y después de pastorear por más de veinticinco años he observado que *todavía* hay unas cuantas imperfecciones que sobreviven por los alrededores.

¿Sabía usted que el Departamento de Salud de Estados Unidos publica un folleto titulado *The Food Defect Action Levels* [Niveles de acción respecto a defectos en las comidas], en el cual enumeran especificaciones de «actuales niveles en defectos naturales o inevitables» para chocolate en forma de «insectos, roedores y otros contaminantes naturales», autorizados por la FDA? Los niveles de tolerancia para el chocolate están por sobre ciento veinte fragmentos de insectos o dos cabellos de roedor por taza de ocho onzas.[1] Eso significa que la barra de chocolate que usted come podría contener un cabello de roedor y dieciséis partes de insecto, ¡y aún tiene la aprobación de la FDA!

Tal vez usted no vuelva a comer chocolate después de leer esto, pero yo no me amilano. Me sigue gustando el chocolate. Es más, es uno de mis alimentos favoritos. Lo bueno del chocolate supera lo malo del cabello y los insectos.

Esto también tiene que ver con mis sentimientos acerca de las últimas interpretaciones de la ley de la atracción. Cuando vi el DVD *El secreto* y leí el libro sentí obvias inquietudes. Pero también me di cuenta que había algo *correcto* en lo que se presentaba, algo profundamente animador y fortalecedor. La idea total de que no debemos quedarnos atascados y atados por nuestras circunstancias; la esperanza de que la vida puede ser más agradable y que podemos sonreír ante el futuro; la idea de que los pensamientos y sentimientos nefastos se pueden reemplazar por buenos... todo esto me habla del reino de Dios.

Sin embargo, había secciones de la presentación que parecían tener más cabellos de roedor y partes de insectos de lo que yo podía tragar (de ahí este libro). Pero en general creo que lo bueno en este «chocolate» supera en gran manera a lo malo. Desarrollar la ley de la atracción para esta generación producirá mucho fruto bueno. En vez de rehuir, creo que la Iglesia debe reconocer y utilizar el poder intrínseco en esta ley. Debemos convertirnos en expertos en el empleo de esta antigua práctica.

Mis partes favoritas

Hay una cantidad de marcas de «nivel superior» acerca de la ley de la atracción que, si la Iglesia presta atención, podrían ayudarnos a avanzar la causa de Cristo en el mundo. (¡Estas son las partes sin insectos ni roedores!)

El esquema

Creo que es brillante usar la ley de la atracción para explicar por qué importan nuestros pensamientos y sentimientos. Me dice que Dios nos ha dado dones que se pueden usar para cambiar la calidad de nuestras vidas. Implica que debemos deliberar más acerca de lo que pasa entre nuestros oídos. Sugiere que las personas no tienen que ser víctimas. Además significa que podemos registrar nuestro curso y propósito para experimentar más de la abundancia y bondad que el Señor ha puesto en este mundo.

Me encanta la idea de que cada uno de nosotros pueda tener *intencionalmente* buenos pensamientos, que nuestras imaginaciones no sean inalterables solo por ser «lo que somos». ¡No! Podemos escoger pensamientos de salud, provisión, paz, perdón y relaciones fuertes... y que de algún modo cuando pensemos de este modo, nuestros pensamientos salgan disparados (sean transmitidos) y agarren esas cosas en las que estamos pensando, ¡devolviéndonos el «fruto» de esos pensamientos!

El campo de la neurociencia ha demostrado que los pensamientos emiten distintas frecuencias magnéticas dentro de la corteza cerebral, las cuales se pueden detectar empleando equipos como una máquina de resonancia de imágenes (MRI). Aunque en la práctica esta afirmación es comprobable —por medio de las interpretaciones hechas por los que plantean la ley de la atracción—, sean o no esas frecuencias «señales» al mundo exterior para atraer cosas «semejantes» al agente que las transmite, no es más que una hipótesis: no hay datos empíricos que lo prueben. *¿Y qué?* Sé que esto podría parecer un poco extravagante a algunos, un poco Nueva Era al principio, pero por lo general las ideas nuevas se nos muestran como extrañas. Quizás no sepamos exactamente cómo funciona esto, pero *hay algo en acción*; y no deberíamos temer imaginar que podría ser por miedo a estar pisando terreno que pertenece únicamente a Dios (volveremos al tema).

Santos nerviosos

Creo que la gente de iglesia está de algún modo inquieta respecto a las ideas nuevas. Siempre lo hemos estado. ¿Recuerda a Copérnico, el tipo que sugirió que el sol no giraba alrededor de la tierra sino que la tierra giraba alrededor del sol? Esto ahora tal vez no nos parezca importante, pero al volver a la época, la obra de Copérnico contradecía el dogma religioso aceptado entonces: la Iglesia sostenía que el sol nacía y establecía órbita alrededor de la tierra. Además, el planeta Tierra era el centro del sistema solar, y ¡ellos *tenían versículos bíblicos que lo probaban!*

En realidad, hasta se hicieron panfletos que presentaban las nuevas ideas de Copérnico como herejía, porque los cristianos creían que la obra del sabio estaba destruyendo la fe en Dios. Pero eso no era cierto. La ciencia y la fe no se tienen que destrozar mutuamente. Quizás necesitemos un poco de tiempo para revisar nuevos datos científicos y ubicar su congruencia dentro del paradigma de fe, pero la verdadera fe y la verdadera ciencia siempre encuentran una manera de vivir en armonía; después de todo, el Señor hizo a las dos. Tristemente, por lo general son los cristianos quienes crean confusión y se ponen nerviosos en lo tocante a nuevas teorías.

No fue hace mucho tiempo que las personas creían que la enfermedad era «generada de modo espontáneo», sea por Dios (o los dioses), el diablo, o pecado personal. A mediados del siglo catorce, cuando la peste bubónica (la peste negra) asoló Europa, hubo quienes creyeron que este era el juicio de Dios (igual que esos predicadores de televisión a inicios de la década de los ochenta que afirmaban que el SIDA era juicio divino sobre los homosexuales).

Pero luego apareció la teoría de los gérmenes —creer que la enfermedad es causada por gérmenes microscópicos— un descubrimiento bastante novedoso (a mediados del siglo diecinueve). Al principio se recibió con considerable resistencia la idea de que la enfermedad era creada por microorganismos, los cuales se desarrollaban por reproducción y no por fuerzas invisibles controladas por el Señor.

En el siglo diecinueve alarmantes porcentajes de mujeres morían en Europa y Estados Unidos durante el alumbramiento. Hasta veinticinco por ciento de mujeres que daban a luz sus bebés en hospitales morían de lo que se denominó «fiebre de parto». Casi a mediados del siglo diecinueve el doctor Ignaz Semmelweis, quien trabajaba en las salas de maternidad de un hospital en Viena, observó que la tasa de mortalidad en una sala de partos dotada de estudiantes de medicina era hasta tres veces más elevada que en una sala dotada con comadronas. Es más, a las comadronas les aterraba la sala con los estudiantes de medicina. El doctor Semmelweis observó que los estudiantes venían directamente de la sala de autopsias a la de partos. Supuso que los estudiantes podrían estar portando la infección desde las disecciones hasta las madres parturientas. Así que ordenó a los médicos y estudiantes de medicina lavarse las manos con una solución tratada con cloro antes de examinar a las mujeres en parto. ¡Esta era una idea totalmente nueva! Cuando los estudiantes siguieron las instrucciones, ¡la tasa de mortalidad en las salas de maternidad del doctor Semmelweis cayó de veinticinco por ciento a menos de uno por ciento!

A pesar de los sorprendentes resultados, los colegas de Semmelweis acogieron sus hallazgos con hostilidad. Era demasiado fantástico. Demasiado ridículo. Cierta clase de vudú. (¿Nueva Era?) Algunos llegaron a creer que tratar de «solucionar» el problema de mortalidad entre madres y bebés era una intromisión en la soberanía de Dios… que tales cosas se debían dejar en manos del Señor.

El doctor Semmelweis renunció finalmente a su cargo. Más tarde tuvo similares resultados dramáticos con el lavado de manos en otra clínica de maternidad, pero no sirvió de nada. Al morir en 1865 fueron enormemente ridiculizados sus puntos de vista. ¿Por qué? Los humanos tendemos a ridiculizar *toda* nueva manera de ver las cosas, tal vez por sentirnos amenazados.

Aceptar la nueva idea demuestra que antes *no* pensábamos correctamente, que en realidad estábamos equivocados (¡Dios nos libre!); y es demasiado nuestro orgullo (partes de insectos y roedores) para aceptar eso. Esto se aplica especialmente en quienes vamos en la iglesia.

La gente de la iglesia no solo es la que tiene opiniones, sino que en la Biblia encontramos pasajes que prueban que Dios está de nuestra parte; nos encanta jurar «por el cielo».[2] Este hábito continúa en aquellos en la iglesia que, sin reflexionar, rechazan estos últimos libros de modo tradicional y exaltado.

¿Y si resulta ser cierto?

El comprensivo esquema propugnado por los defensores de este supuesto «secreto» —que es verdad que mi pensamiento sale, agarra lo que se le parece, y lo atrae a mi vida— es muy vívido, muy gráfico, y engatusa muy fácilmente la mente de cualquiera. Conlleva una advertencia intrínseca acerca de entretener lo malo y diabólico en la mente, junto con un esperanzado curso de acción para estimular lo positivo y lo optimista.

Este esquema hace que yo desee esforzarme en pensar correctamente acerca de las cosas, a poner más atención a mis sentimientos para asegurar que estoy encarrilado. Este concepto me ayuda a entender *por qué* la Biblia se expresa de manera tan firme y frecuente respecto de la vida pensante de los creyentes. Por esto «como una persona piensa, así será su vida».[3]

No creo que esto quite algo del dominio o gobierno del Señor en nuestras vidas. Dios sigue siendo quien creó toda la provisión en el universo y quien proporciona el gozo, la salud y todo lo que podamos imaginar. Él es el Proveedor, el Fortalecedor, el Sanador, el Ayudador, el Dador de esperanza. Este secreto, la manera de ver lo que está sucediendo, simplemente nos brinda más acceso a lo que el Señor ha creado; no reemplaza a Dios más allá de lo que un agricultor, que ha aprendido a hacer actuar la ley de la siembra y la cosecha, pueda reemplazar al Señor.

Este esquema no elimina a Dios (o al diablo). Es más, la ley de la atracción quizás demuestre ser la *mismísima forma* —la anatomía— de cómo obtener realmente en nuestras vidas la voluntad del Creador (o el plan negativo del diablo). ¡Entender el secreto nos anima a ser buenos mayordomos de nuestros pensamientos y de nuestras emociones!

Si esto fuera cierto, yo ya me habría enterado

Profesamos ser gente bíblica, y afirmamos creer en la Biblia. Por tanto, es fácil razonar: «Si esta ley es de veras cierta, ¿por qué necesitaríamos los cristianos que alguien que no cita la Biblia (incluso que ni siquiera es cristiano o cristiana) *nos* hable al respecto?» Buena pregunta. Permítame recordar algo que escribí en mi libro *Religiously Transmitted Diseases* [Enfermedades transmitidas de forma religiosa] que podría irradiar algo de luz sobre el asunto.

Una *hermenéutica* es un método o principio que utilizamos para interpretar la verdad. Todos tenemos una hermenéutica; nos ayuda a determinar el significado de lo que ocurre a nuestro alrededor. Por ejemplo, en el mundo premoderno se creía que un hecho natural violento, como un terremoto o la erupción de un volcán, era alguna venganza de los dioses. Eso era hermenéutica para la gente de esa época. Los dioses hacen esa clase de cosas. Por tanto, siempre que había un desastre natural las personas suponían que alguien había matado un animal sagrado o cometido algún crimen atroz que enojó a los dioses. El cataclismo era retribución para ese acto inmoral.

En el mundo moderno sabemos que los desastres naturales se producen debido a una cantidad de condiciones muy naturales. Esa es *nuestra* hermenéutica. Lo que los premodernistas veían como una acción de los dioses, los modernos lo vemos como el resultado lógico de ajustes naturales. Aquí no hay venganza.

Una hermenéutica distinta lleva a una diferente interpretación.

La hermenéutica que usamos proporciona una estructura para procesar datos, así como los lentes recetados (en quienes los necesitan) «enmarcan» lo que vemos. Recuerdo mi primer par de lentes siendo niño y asombrado de cómo me ayudaban a ver el mundo en una manera totalmente nueva: con claridad. Me había acostumbrado a lo borroso.

En mi pequeño pueblo natal en Wisconsin rural conocí a una mujer que creía que por nada en el mundo Estados Unidos conseguirían llevar hombres a la luna… de veras que no. Cuando le pregunté acerca de la transmisión televisiva que captó el suceso, ella contestó: «Todo fue obra de Hollywood. Allí montaron todo. Fue falsificación, y un puñado de personas se apoderó de gran cantidad de dinero de nuestros impuestos». Los «lentes» hermenéuticos de ella hacían que todo el asunto le pareciera un engaño. La mujer vivía con hermenéutica de «conspiración».

Es triste que los cristianos no reconozcan que todos hemos llegado a la Biblia con presuposiciones (hermenéutica) que impactan la manera en que la interpretamos. Toda clase de cosas nos influyen: nuestras experiencias, nuestros padres, nuestros maestros, nuestros amigos, las iglesias a las que hemos asistido, *la matriz*, nuestros prejuicios, expectativas, esperanzas, fracasos, Dios, el diablo, nuestra nación, un show de *Oprah* que vimos alguna vez… todo esto influye en el modo en que interpretamos nuestro mundo y nuestra fe. Todo esto impacta nuestra hermenéutica.

Tatuajes y perforaciones corporales

Supongamos que usted se crió creyendo que es malo que las personas se tatúen y se perforen el cuerpo. Quizás usted oyó a su papá y a su mamá decir que eso era malo. O tal vez se debió a que en su época de desarrollo los tatuajes y las perforaciones en el cuerpo solo estaban de moda para motociclistas que parecían malos, muchachas motociclistas, y aquellos en el extremo bajo de la escala socioeconómica. ¿Es eso un prejuicio injusto? Por supuesto. Pero si esa fue su experiencia, impacta la manera en que usted piensa.

Cualquiera que sea la razón, las opiniones naturales nos hacen leer la Biblia con una selectividad predeterminada: a algunos textos prácticamente les devoramos las páginas, mientras otros permanecen totalmente abandonados.

Nos podríamos encontrar con el versículo: «No se hagan heridas en el cuerpo... ni tatuajes en la piel» (Levítico 19.28), y saltar la página. Y cuando ocurre una «resonancia» interior la podemos sentir muy parecida a una epifanía espiritual, como la voz de Dios. *No asombra que nos molesten los tatuajes y las narices perforadas. ¡Dios siente de la misma manera!*

No importa que en el versículo anterior se les diga a los hombres que «no se corten el cabello en redondo ni se despunten la barba» (v. 27). Hacemos caso omiso a eso. Pero si decidimos obedecer la orden que prohíbe tatuajes o perforaciones basándonos en la Palabra de Dios, entonces debemos por lógica exigir que los hombres se dejen crecer mechones desiguales a los costados, y que usen barbas sin recortar, con un gran «¡Alaben al Señor!»

En consecuencia, ¿por qué no somos justos y razonables con textos bíblicos como estos? Porque algo en nosotros añora resaltar esos versículos que resuenan con nuestras opiniones y prejuicios, mientras pasamos por alto los que no resuenan. Una cosa es interpretar asuntos en un modo parcial, y otro muy distinto es encajar la aprobación de Dios en nuestra interpretación. Sin embargo, la gente lo hace todos los días.

De ahí que debamos ser receptivos a la verdad que nos llega del contexto normal, como una lectura casual de la Biblia. No es que la Biblia no enfoque todo lo que debemos saber, pues creo que sí lo hace; pero tendemos a ver solo de manera *selectiva*, y aunque podríamos tener la verdad justo frente a nuestros ojos, no siempre la vemos.

¿Cuántas veces, mientras lee la Biblia, usted ha pensado: *Nunca antes había visto* eso? Hay posibilidades de que haya mucho más que no ha visto. Manténgase receptivo.

Los adoradores del diablo también usan zapatos

Ser «receptivos» significa que debemos dejar de temer al pensamiento lateral (ideas originales, creativas o innovadoras). Debemos estar dispuestos a imaginar otra vez cómo funcionan las cosas en el mundo de Dios. Tenemos que renunciar a ser presa de los promotores de miedos que afirman que debe ser del diablo todo lo ajeno a nuestra actual forma de pensar.

La Iglesia ha perdido muchas de las joyas del pasado debido simplemente a que nos eran extrañas, en virtud de la cultura en que nos criamos. Por ejemplo, la meditación se practicó ampliamente en la iglesia primitiva, pero hasta hace muy poco los líderes cristianos modernos nos advirtieron contra ella. El argumento opuesto afirmaba generalmente que individuos de «otras» creencias —creencias llenas de engaño— participan en meditación. He oído a predicadores decir apasionadamente: «¡Hasta los adoradores del diablo lo hacen!»

Cuando el promedio de personas sentadas en las bancas oyen esas palabras, se produce un pánico general; y todos los pensamientos nuevos se disipan eficazmente. Resulta que la iglesia tiene su propia versión del anticomunismo, y es muy fácil identificar ideas y crear tal atmósfera de sospecha que los congregantes dejen de pensar de modo crítico y simplemente den crédito a las sospechas que oyen, a pesar de la evidencia poco concluyente que se ofrece.

Pero estas clases de argumento sencillamente no tienen sentido. Los religiosos paganos y los adoradores del diablo también comen y duermen. ¿Por qué no dejar de hacer esas cosas también como alejarse de la meditación? Los adoradores del diablo usan ropa y se saludan de mano al saludarse; ¿también esto es erróneo?

¿Debo además mencionar el dinero y el poder que se obtiene? Exageradamente, los alarmistas y temerosos generadores de aflicción y peligro se ganan la vida haciendo que las personas de la iglesia entren en pánico, y son expertos en lograr que acudan a ellos por más. (¡Nadie quiere dejar de descubrir lo que le podría lastimar si no conoce al respecto!)

Esto me recuerda a Chicken Little [el pollito alarmista], cuando advirtió: «¡El cielo se está cayendo!» Su clase de reacción exagerada siempre produce bastante conmoción, y el temor es contagioso. La historia del pollito alarmista parece ir bien con las de Henny Penny, Cocky Locky y Goosey Poosey, y entonces se tiene un verdadero caos. Se inicia todo un movimiento de temor.

Por tanto…

He aquí mi punto: que una idea sea nueva para nosotros no significa que sea errónea… tampoco significa que todo lo que se diga de ella sea correcto. No deberíamos ser ciegos a la verdad, pero sí debemos analizar un poco las cosas, o correremos el riesgo de pasar por alto verdades que nos podrían ayudar a vivir de modo más fructífero y transformado.

Por qué los crisitanos se ponen nerviosos con esto

Veamos a continuación otra iniciativa presentada por intérpretes modernos de la ley de la atracción, algo que los modernos evangélicos generalmente perciben como aterrador: *visualización.*

Prepárese, amigo. Hay que considerar muchas más ideas perturbadoras...

6

Cómo deberían los cristianos usar la ley de la atracción

Que conste, no creo que nuestro propósito en la vida sea asegurar tanta riqueza, salud y fama como nuestra codicia pueda desear. Me parece que hasta un examen casual de la Biblia revela que en realidad es insignificante vivir para tener todo lo que deseamos. Solo lea Eclesiastés, o eche una mirada a la tentación de Jesús en el desierto; le fueron ofrecidos «los reinos del mundo» y él decidió dejarlos.[1] ¿En qué estaba pensando Jesús? Como su aprendiz, hice de mi objetivo averiguarlo.

Sin embargo, casi todo material que se encuentra sobre el tema de la ley de la atracción no trata sobre cómo usarla para algo altruista o para el bien de otros. Al contrario, a menudo la información se dedica a mostrar a los usuarios individuales toda la salud, la fortuna y la fama que alguna vez se pudieron imaginar. La mayor parte de la literatura disponible también hace muchas promesas a quienes aprendan a usar esta ley, promesas tales como estas:

- Descubrirá el secreto de tener todo lo que desee en la vida, y sabrá exactamente cómo obtenerlo.
- Aumentarán su autoestima y su confianza.

- Descubrirá la clave para la paz mental y la libertad del temor, la duda y la preocupación.
- Estará feliz y realizado.
- Puede elegir todo lo que desee, por grandioso que sea.
- Descubrirá la receta para la libertad personal y económica.
- Comprenderá finalmente por qué todo parece siempre funcionar para algunas personas, mientras otras parecen nunca conseguir una oportunidad.
- Usted se convertirá en el amo de su destino y aprenderá a crear el futuro que desea y merece.
- Eliminará sus problemas económicos y tendrá todo el dinero que quiera.
- Aprenderá a crear «sueños por pedido» y por tanto a formar su futuro.
- Descubrirá el secreto de tener energía sin fin y entusiasmo para cada nuevo día.
- Pondrá libremente fin a las creencias y obstáculos limitantes que le han impedido conseguir lo que quiere en la vida.
- Puede tener, hacer y ser absolutamente todo lo que quiera.
- Se sentirá como alguien totalmente nuevo, viviendo cada día con gozo, entusiasmo y previsión por todo lo bueno que se dirige a su vida.

Tales recursos prometidos por la Nueva Era muestran cómo utilizar la ley de la atracción (obtener control de su vida pensante, manejar sus emociones, usar visualización, etc.) con el objetivo de ofrecerle una «vida ideal». Se le enseña a reemplazar imágenes mentales que «ya no le sirven», y a «abandonar» lo antiguo y «desatar» el increíble poder que hay «en usted» para avanzar en la vida (lo cual significa aprender a pensar en sí mismo como alguien «acaudalado y triunfante» todo el tiempo). Se le dice que tenga pensamientos y sentimientos que le ayuden a crear una «visión vívida»: la vida que usted «en realidad desea y merece».

A las personas se las anima a sacar tiempo para escribir una descripción detallada de lo que desean que sean sus vidas en cada campo, y para recortar dibujos de cosas que les gustaría tener: autos, casas, negocios, *cualquier cosa.* Armadas con estas nuevas visiones, les dicen que pasen algunos minutos cada día visualizando que ya tienen los objetos que desean poseer. Deben abrigar los mismos sentimientos que tendrían si ya fueran dueños de lo que anhelan; deben evocar sentimientos de gratitud y entusiasmo en el tiempo presente. Les dicen que esta es la mejor manera de utilizar el poder que yace detrás de la ley de la atracción. Así es como *pueden tener, ser* o *hacer* todo *sin limitaciones.*

Los materiales le aseguran a usted que podrá tener todo el éxito, la felicidad, la realización y la abundancia que pueda —y todo llega rápida y fácilmente— a veces con garantía de devolución de su dinero. Se trata del mundo 1-800-TEN-TODO-LO-QUE-QUIERAS-Y-TENLO-RÁPIDO. (Y usted no querrá esperar *ni un minuto más* para llamar.)

No hay nada en estos materiales populares tan amenazante y radical como las palabras de Jesús respecto de tomar la cruz o de perder la vida.[2] Casi no.

Hay una mejor manera

Ya que la ley de la atracción (en todas sus variadas repeticiones) se ha usado para atraer y engendrar *ansias por más,* tiende a violar las sensibilidades de los seguidores serios de Jesús. Y con toda razón. La Biblia no aplaude una vida comprometida con el ego. Los seguidores de Cristo no ven su papel como acumuladores de *más cosas.* Es más, hay un sentido general de que «acumular cosas» es una pérdida de precioso tiempo, y que se opone a nuestra misión central aquí en el planeta Tierra.

Concordamos con los testimonios de hombres y mujeres en la Biblia. Individuos como Salomón, quien expresó: «No le negué a mis ojos ningún deseo, ni a mi corazón privé de placer alguno». Sin embargo, al final afirmó: «Vi que todo era absurdo, un correr tras el viento, y que ningún provecho se saca en esta vida».[3]

Luego están Abraham y Sara. En realidad eran sumamente acaudalados (y Dios fue quien clamó responsabilidad por eso), pero no vivieron consagrados a acumular *más*. En vez de edificar casas grandes o enormes mansiones (como aquellas en Egipto y Babilonia, las cuales conocían muy bien), decidieron vivir con sencillez: acampando en tiendas, supuestamente lindas, pero sin embargo *tiendas*. Las Escrituras dicen que ellos hicieron esto adrede porque comprendieron «que eran extranjeros y peregrinos en la tierra».[4]

Aquí hay una idea radical: Abraham y Sara vieron la tierra, en su estado actual, como *tierra extranjera*. No creyeron que hubiera algo aquí a lo que valiera la pena dedicar sus vidas. La Biblia continúa: «Antes bien, anhelaban una patria mejor, es decir, la celestial. Por lo tanto, Dios no se avergonzó de ser llamado su Dios, y les preparó una ciudad».[5]

David pidió al Señor que lo protegiera de los sujetos que amaban demasiado este mundo: «¡Con tu mano, SEÑOR, sálvame de estos mortales que no tienen más herencia que esta vida!»[6] El apóstol Juan advirtió: «No amen al mundo ni nada de lo que hay en él. Si alguien ama al mundo, no tiene el amor del Padre. Porque nada de lo que hay en el mundo —los malos deseos del cuerpo, la codicia de los ojos y la arrogancia de la vida— proviene del Padre sino del mundo. El mundo se acaba con sus malos deseos, pero el que hace la voluntad de Dios permanece para siempre».[7]

Luego está Moe (o Moisés, para quienes prefieren nombres propios). He aquí un tipo que lo tenía todo. Está en la corte dirigente en el mejor lugar de la tierra —la ciudad de Los Ángeles (LA) del mundo antiguo— el glorioso Egipto. Y Moisés es famoso. Pero lo deja todo. La Biblia dice: «Por la fe Moisés, ya adulto, renunció a ser llamado hijo de la hija del faraón. Prefirió ser maltratado con el pueblo de Dios a disfrutar de los efímeros placeres del pecado. Consideró que el oprobio por causa del Mesías era una mayor riqueza que los tesoros de Egipto, porque tenía la mirada puesta en la recompensa. Por la fe salió de Egipto sin tenerle miedo a la ira del rey, pues se mantuvo firme como si estuviera viendo al Invisible».[8]

Finalmente, allí está el mismo Jesús; afirmó que «no vino para que le sirvan, sino para servir y para dar su vida en rescate por muchos».[9] Tuvo una disposición hacia «los demás», no una disposición egoísta de «estoy aquí para acaparar todas las canicas que pueda». Crudamente expresada, la posición de Jesús era que vivir para obtener más y más es desperdiciar la vida.

La ley sigue siendo ley

Aunque somos reacios al modo vergonzoso como se usa la ley de la atracción para autopromocionarse, eso no significa que no sea válida. La ley de la atracción aún actúa, sea que usted la entienda y concuerde con ella o no. Aprecio que las negativas vinculadas con los últimos libros hayan hecho que muchos en la iglesia no los tengan en cuenta. Pero creo que debemos reevaluar nuestra posición. Hacer caso omiso de la ley sería insensato, mala mayordomía. Recuerde: Dios es el autor de *todas* las leyes en el universo.

Debemos comprender, aceptar y utilizar los principios de estas ideas: es necesario recordar la importancia de los pensamientos y los sentimientos, y el asombroso poder de la visualización. Creo que los cristianos deben usar la ley de la atracción para promover la causa del Señor en el mundo.

Vivimos en una cultura que ha perdido la pista de los valores que funcionan más que para los deseos personales (utilitarismo). Los seguidores de Cristo debemos superar esto. Debemos tener objetivos superiores a la inmediata satisfacción. Es obvio que la ley de la atracción funciona para obtener lo que se desea... hay bastante evidencia anecdótica para no tenerla en cuenta. Pero creo que los creyentes debemos aprender a usar esta ley para «deseos» superiores a los egoístas. Debemos dejar de usarla para nuestro propio interés personal. Debemos usar la ley de la atracción buscando la administración de la voluntad divina en un mundo afectado.

Un mejor camino

Los cristianos debemos anhelar un mundo mejor. Decimos no al uso de la ley de modo *egoísta.* Pero nuestro «no» no es un final en sí mismo; implica un «sí» a algo más. Decimos sí a usarla para poner amor donde no lo hay en el mundo. No somos egoístas, porque nuestras vidas están cimentadas en valores superiores a nuestros deseos, necesidades y sentidos exagerados de imparcialidad y justicia. Aprendemos a utilizar estas ideas para el avance del reino de Dios.

Eso no significa que no podamos usar la ley de la atracción con el fin de obtener cosas para nosotros mismos; sí podemos. Pero mi desafío sería preguntarnos siempre *¿para qué?* ¿Vamos tras las cosas para no ser menos que los demás? ¿Va usted tras lo material porque cree que vale por lo que tiene? ¿Se trata de autoestima? ¿Quiere usted *más* como un compromiso a una vida de facilidad? ¿O está usando la ley de la atracción con el propósito de disponer de lo necesario, a fin de cambiar el mundo para Dios?

No hay nada de malo con las cosas, y el Señor *es* nuestro Proveedor,[10] pero hay mucho más en cuanto a esto que solo autos nuevos, casas al pie de lagos, y grandes botes. El finado papa Juan Pablo II lo expresó muy bien: «No está mal querer vivir mejor; lo malo es un estilo de vida que se cree ser mejor cuando se enfoca más en "tener" que en "ser", y en que desea tener más no para ser más sino para pasar la vida en disfrutes como un fin en sí».[11]

Debemos desarrollar dominio propio y discernimiento que nos dé el potencial de tener visualizaciones, pensamientos y sentimientos adecuados, necesarios para llevar a cabo una misión más allá de la autorrealización. Debemos transformar la energía que hemos dedicado a ser guardianes de cosas para *nosotros mismos*, a ser guardianes de la esperanza para quienes no la tienen.

El poder de la visualización, ¿de qué se trata?

Visualizar es básicamente la habilidad de mantener en la mente cosas que deseamos poseer o experimentar en la vida. Visualizar las cosas que anhelamos hace que la ley de la atracción alcance niveles superiores. Obre como obre esta ley, lo que pasa en la mente humana *atrae* hacia sí el objeto de la imaginación en la persona, *creando* así *una nueva realidad* alrededor de quien tiene la imaginación trabajando. De algún modo nuestros pensamientos, sentimientos e imaginaciones dan forma concreta y fundamento a nuestro futuro.

Es en este punto que la mayor parte de la literatura que trata con la ley de la atracción contribuye al consumismo: *Imagine ese auto nuevo. Véase poseyendo ese negocio. Visualice una casa de muchos millones de dólares.* Los maestros le dirán: «La ley de la atracción le dará todo lo que quiera. Siempre funciona, cada vez, con toda persona». Y siempre están hablando de *más, más y más* para el gran Número Uno: Usted. Debido a la orientación de esta cháchara, siempre me parece saborear un poco de «náuseas» en el fondo de la garganta cada vez que leo esto.

Sin embargo, la visualización sigue siendo uno de los medios más poderosos para poner nuestros pensamientos y sentimientos en la senda de la atracción en un nuevo futuro. Y aunque usted no lo crea, la visualización está sazonada en toda la Biblia.

La visualización en la Biblia

Piense en la torre de Babel. Bueno, he aquí un grupo batallador de autopromotores. Pero observe lo que el Señor les dice: «Todo lo que se propongan lo podrán lograr».[12] Esta es una tremenda declaración de Dios, ¡y la dijo refiriéndose a seres humanos! La visualización es poderosa.

Luego está el milagro de la provisión experimentado por Jacob. La historia de Génesis 30 es demasiado larga para revisarla aquí, pero basta con decir que Jacob había aceptado trabajar para su suegro, con cabras y ovejas como pago. Pero Jacob estuvo de acuerdo en mantener como pago únicamente los animales que nacieran negros, manchados y moteados.

Pero Labán, el astuto suegro de Jacob, sacó todos los chivos rayados y moteados, y todas las ovejas negras del rebaño de Jacob. Para quienes no son competentes en genética agraria, eso significaba que era *imposible* que alguna vez Jacob recibiera algún pago. Labán era un sinvergüenza. Sacó del rebaño todos los animales genéticamente predispuestos a las manchas.

Por tanto, ¿cómo respondió Jacob? Aunque estoy seguro de que él no tenía idea de lo que estaba haciendo, utilizó el poder de la visualización. La Biblia dice: «Jacob cortó ramas verdes de álamo, de almendro y de plátano, y las peló de tal manera que quedaran franjas blancas al descubierto».[13] Luego colocó las ramas peladas directamente frente al lugar donde el rebaño se apareaba. Como resultado de la visualización de Jacob, sus animales «tenían crías rayadas, moteadas o manchadas».[14] Lo que era imposible se hizo posible por medio del vehículo de la visualización.

En Hechos 2, el Señor promete derramar su Espíritu en el mundo. Afirma que el resultado será que las personas «tendrán visiones ... y sueños».[15] El Espíritu Santo usa la visualización para hablar dentro de nuestras vidas. Aunque seríamos insensatos si nos metiéramos al proyecto de los pensamientos, los sentimientos y las visualizaciones sin la guía del Espíritu Santo y la sabiduría que ofrece la Palabra de Dios, la visualización no es del diablo.

Por mucho que me moleste haber tenido que admitir que hay algo respecto a enfocar, pensar e imaginar cosas, en realidad hay verdad en ello. Y si queremos hacer lo que podamos por la causa de Cristo, debemos reunir para ese fin todo lo que tenemos a nuestras disposición. Los cristianos deberíamos ser verdaderamente buenos usando el supuesto *secreto.*

Cuando el profeta Isaías está hablando por Dios, declara en cierto momento: «Olviden las cosas de antaño; ya no vivan en el pasado. ¡Voy a hacer algo nuevo! Ya está sucediendo, ¿no se dan cuenta?»[16]

El Señor siempre ha querido que su pueblo «se dé cuenta», o perciba, lo que él está a punto de hacer; eso es visualización. Es más, todas las promesas de Dios son invitaciones a que las percibamos o las visualicemos.

El libro de la imaginación

Piense en lo que podría ocurrir si vemos todas las promesas del Señor como invitaciones a imaginar lo que podría ser. En vez de recortar fotos de autos BMW o de casas de millones de dólares para pegar en nuestras refrigeradoras, podríamos grabar promesas que nos ayuden a imaginar un mundo mejor: una «tierra ... llena del conocimiento de la gloria de Jehová, como las aguas cubren el mar».[17] Imaginemos un mundo donde la iglesia sea «sal» y «luz»,[18] lo que significa que hagamos la vida más agradable a las personas, y que nuestra presencia elimine la corrupción y disipe las tinieblas. Imaginemos un mundo en que los creyentes enfrenten sin temor al maligno y no firmen la paz con la opresión; un mundo donde la iglesia utilice constantemente su libertad para mantener la justicia en nuestras comunidades y entre las naciones; un mundo en que los creyentes nos imaginemos (como lo fue nuestro Salvador Jesús) como quienes no venimos a ser servidos sino a servir, y que por seguir sus pasos tengamos la sabiduría, la paciencia y el valor para ministrar en su nombre a quienes sufren, a quienes no tienen amigos, y a los necesitados. *Imaginemos eso.*

¿Qué pasaría si nos imagináramos usando el poder de la visualización y la ley de la atracción cuando llegamos ante Dios en oración? Quizás esto es lo que Jesús estaba haciendo cuando expresó: «Crean que ya han recibido todo lo que estén pidiendo en oración, y lo obtendrán».[19] Tal vez Jesús nos estaba desafiando a «creer» de veras que recibimos lo que pedimos, queriendo decir que ¡*nos lo imaginemos* de verdad!

Esto significaría que podríamos pedirle a Dios que nos ayude a imaginar la paz mundial. Podríamos pedirle que «avives en cada corazón el verdadero amor por la paz, y guíes con tu sabiduría divina a quienes abogan por las naciones de la tierra, que en tranquilidad pueda aumentar tu dominio hasta que la tierra esté llena con el conocimiento de tu amor; por medio de Jesucristo nuestro Señor».[20] *Imaginemos eso.*

Imaginemos un mundo sin hambre ni prejuicios; un mundo en que veamos el cumplimiento de la promesa de Dios: «Derramaré mi Espíritu sobre todo el género humano».[21] Imaginemos a las naciones llegar a Dios en avivamiento mundial, y el cumplimiento de la promesa en los Salmos: «Pídeme, y como herencia te entregaré las naciones; ¡tuyos serán los confines de la tierra!» [22] ¿Y si pedimos y realmente imaginamos una respuesta?

¿Y si Pablo no estaba bromeando cuando declaró que Dios «puede hacer muchísimo más que todo lo que podamos *imaginarnos* o pedir»?[23] ¿Y si nos atrevemos a imaginar más? ¿Y si llevamos los pensamientos del Señor —sus promesas y su esperanza para el mundo— a *nuestras* mentes (en relación con la Biblia), y abriéramos nuestras almas al Espíritu Santo para que imparta dentro de nosotros el «fruto» de Dios: sus sentimientos de amor, alegría, paz, paciencia, amabilidad, bondad, fidelidad, humildad y dominio propio? *¡Imaginemos eso!*

¿Y si el Señor nos dio profecía bíblica, no para que tuviéramos el periódico en una mano y la Biblia en la otra —leyendo cuidadosamente el *New York Times* y el *Jerusalén Post* del modo en que un psíquico lee hojas de té, a fin de encontrar cronogramas y guías para el cumplimiento de la profecía bíblica— sino para darnos una «breve mirada» del futuro que Dios quiere para su pueblo? ¿Qué tal si él desea que tengamos una breve mirada de tal modo que pudiéramos cultivar una visión de lo que pasará en el futuro, de cómo será el mundo? La Biblia promete que viene un día en que «la morada de Dios» estará con los hombres y «acampará en medio de ellos». Afirma que «ellos serán su pueblo; Dios mismo estará con [nosotros] y será [nuestro] Dios. Ya no habrá muerte, ni llanto, ni lamento ni dolor, porque las primeras cosas han dejado de existir».[24]

¿Y si imaginamos un mundo donde Dios mora siempre con nosotros, donde todas las lágrimas son enjugadas, y donde ha desaparecido todo llanto y toda tristeza? ¿Y si debemos llevar *esa* visión en nuestras mentes? ¿Actuaría la ley de la atracción para provocar ahora mismo ese futuro?

Los teólogos nos dicen que en el reino de Dios hay una «tensión escatológica», que en un sentido el reino del Señor está *aquí*, pero que en otro sentido, *todavía no.* Jesús nos dijo: «El reino de Dios está cerca»,[25] pero habló de este como si viniera en el futuro. Se trata de algún lugar continuo entre «aquí» y «todavía no». Aparentemente los creyentes tienen algo que ver con dónde se encuentra ese lugar. Jesús nos dijo que oráramos al Padre, pidiendo: «Venga tu reino, hágase tu voluntad *en la tierra como en el cielo*».[26]

A pesar de lo mucho que aquí experimentemos del reino, sabemos que nunca lo tendremos *totalmente* hasta que Jesús regrese. Pero el reino está en alguna medida entre nosotros, y se le puede experimentar aquí y ahora, al menos como el sarampión: con las manchas. ¿Y si usamos la ley de la atracción y nuestra fe para atraer más del reino dentro de nuestro aquí y ahora?

Si pensamos de este modo, cuando encontremos lágrimas, lamento y sufrimiento tan presentes en este mundo caído, nos moveríamos hacia el reino, trayendo con nosotros la esperanza de la visión eterna. ¿No es eso lo que el ministerio se supone que sea?

Quizás a esto se refería el escritor de Hebreos cuando escribió que el seguidor de Jesús participaría de «los poderes del mundo venidero».[27] Con estos pensamientos en mente es que *El libro de la oración común* nos lleva a orar: «Danos la paz y unidad de esa Ciudad Celestial».[28]

La Biblia es clara en que las promesas de Dios no suceden porque sí. No debemos sentarnos a esperar que por soberanía cambie el mundo; no debemos ser «perezosos», sino que debemos imitar «a quienes por su fe y paciencia heredan las promesas».[29]

Mi sugerencia es que quienes estamos en la iglesia debemos usar el poder de la visualización y la ley de la atracción para la gloria de Dios y el avance de su reino, no solo para salud, riqueza, éxito, satisfacción y felicidad personal. *¡Hay mucho más!* Olvidémonos de usarla para hacer avanzar el consumismo; ¡usémosla para ver que el reino de Dios viene!

7

La ley de la atracción y el dinero

Debemos hablar de dinero. Aunque como creyentes deberíamos evitar el uso de estos conceptos para nuestros intereses personales, sigue siendo necesario usar la ley de la atracción con el fin de asegurar provisión económica para nuestras vidas. Si vivimos en continua escasez (acosados por deudas o incapaces de proveer para las necesidades básicas de nuestras familias), gastaremos en sobrevivir la mayor parte de nuestras energías y nuestros recursos y nada de esto en ayudar a las necesidades de otros. Jesús dijo: «Hay más dicha en dar que en recibir».[1] Aunque esto podría ser cierto por muchas razones, una de ellas es que debemos dar.

El dinero no es malo

Muchos de los ricos cuyas historias están esparcidas por toda la Biblia daban crédito a Dios por sus riquezas. En cierta ocasión Abraham le dijo a alguien que quería darle una recompensa: «No tomaré nada de lo que es tuyo, ni siquiera un hilo ni la correa de una sandalia. Así nunca podrás decir: "Yo hice rico a Abram"».[2] Abraham sabía que su riqueza era producto de la bendición *del*

Señor. Sin embargo, como lo señalamos, el patriarca no creía que la riqueza era solo para *él.*

El Señor dijo a Salomón, el hombre más rico en la historia de Israel: «Como has pedido esto [sabiduría], y no larga vida ni riquezas para ti. …Además, aunque no me lo has pedido, te daré tantas riquezas y esplendor que en toda tu vida ningún rey podrá compararse contigo».[3] Este tipo solía amontonar plata en las calles, porque básicamente no valía nada en comparación con la cantidad de oro en su posesión. Cuando compraba de las demás naciones, Israel usaba plata pero exigía oro por sus propias ventas. ¡Más tarde Jesús utilizó a Salomón como modelo cuando habló de la provisión del Padre para las necesidades de sus seguidores![4] Dios hizo la riqueza, y no hay nada erróneo en poseerla, mientras esta no sea el enfoque de nuestras vidas (es tanto un asunto de adoración a ídolos como un asunto de fe, pero no tenemos tiempo aquí para explicar).

Podríamos mencionar a Job, el Bill Gates de su época. Luego estuvieron las mujeres ricas que apoyaron el ministerio de Jesús.[5] El Hijo de Dios tenía tal hábito de dar dinero, que cuando Judas salió para traicionarlo los demás discípulos supusieron que iba a dar dinero a los pobres.[6] Jesús hacía esto aunque también era responsable por alimentar a las familias de los apóstoles (¡doce familias!). Jesús tenía acceso a la riqueza, pero sin embargo llevó una vida sencilla para poder ayudar a otros más que a sí mismo.

La riqueza *no* es el problema. Pero nuestras actitudes, creencias y enfoques hacia la riqueza *pueden* llegar a ser problemáticos. Para los creyentes, la adquisición de riqueza no debe ser nuestra principal preocupación, pero lo es. Pablo dijo que el cristiano debe trabajar «honradamente con las manos»,[7] pero la razón de esto es muy diferente para aquel que no tiene fe. El apóstol expresa que nuestro motivo para ganar riquezas debería ser «tener qué compartir con los necesitados».[8] Sin duda, esto incluiría a nuestras familias, pero no *solo* a nuestras familias. El sentido de la abundancia es estar en una posición en que podamos responder a las necesidades de *otros* en el mundo.

Pensamiento de escasez

No tenemos que profundizar mucho en las Escrituras para descubrir que a Dios le encanta proveer generosamente para su creación. El jardín del Edén era un lugar de abundancia. Había abundancia de alimento y de otros recursos naturales, y hasta se dijo que «el oro de esa región era fino».[9] Pensemos además en la descripción dada al final de la Biblia a la vía más importante de nuestro hogar en la tierra futura: «La calle principal de la ciudad era de oro puro, como cristal transparente».[10]

Al Señor le gusta el oro. Le gusta lo bueno. Él fue quien hizo el mundo físico, con toda su riqueza, y llamó «bueno» a *todo*.[11] Aunque «conseguir cosas» no debería ser nuestro objetivo principal, ¡Dios diseñó este planeta con el fin de ofrecer bienes y abundancia para todos! Hay suficientes recursos en el planeta para que *todos* en *toda* nación tengan suplidas *todas* las necesidades físicas en sus vidas. No hay razón para que en el planeta Tierra haya pobreza, falta de vivienda, y escasez.

Pero el axioma fundamental de la economía en el mundo caído es que hay y siempre habrá escasez; se basa en el hecho de que siempre estamos reanimándonos y necesitando más. Las cosas que usamos ayer ya desaparecieron. Y a veces es difícil encontrar más de aquello que necesitamos.

Debido a esta experiencia universal, la sabiduría convencional siempre ha advertido que mientras crecen la población y las economías, los recursos se reducirán hasta que finalmente se alcancen los límites físicos y se agoten los recursos. Parece una afirmación razonable. Después de todo, si los recursos son escasos se puede llegar a razonar que el aumento de la demanda de ellos acelerará el día en que desaparezcan del planeta. *¿Correcto?*

Entran los profetas del desastre

De ahí que siempre haya habido advertencias de inminente catástrofe. Pero estas advertencias surgieron con más fiereza durante la última mitad del siglo veinte. La explosión demográfica en el mundo en vías de desarrollo, apareja-da con el dramático crecimiento de la economía global de posguerra a partir de 1950, hizo que agoreros económicos y científicos alzaran el volumen, el tono y la urgencia de sus voces. Nos dijeron que la civilización estaba viviendo «tiempo prestado». Para mi generación, la inflación de la década de los setenta y los costos cada vez mayores de la gasolina dieron crédito a esas voces proféticas. Libros de gran venta internacional, como *The Population Bomb* [La bomba demográfica] de Paul Ehrlich, y el Informe Global 2000 de la administración Carter, ayudaron a convencer a millones de personas de que la civilización como la conocemos estaba a punto de destruirse.

Quizás Dios no recibió el memorando

Lo que la mayoría de personas no comprende es que todo el palabreo sobre escasez es una afrenta a la naturaleza, omnisciencia y poder creativo de Dios. El relato del Génesis declara: «Los bendijo con estas palabras: "Sean fructíferos y multiplíquense, llenen la tierra"».[12] El Señor no nos advirtió respecto del control demográfico, ni fue voluble acerca de la presión que el mandato de multiplicarse pudiera traer sobre los recursos del planeta.

El modo de pensar en cuanto a la escasez está enraizado en el pensamiento: *Me voy a quedar sin cosas. ¿Qué hago si no tengo suficiente para mañana?* Pero el método de provisión divina siempre fue asegurar que se atendiera al *hoy*. Dios nunca nos prometió bastante para almacenar. Es más, él odia que guardemos. Cuando estaba dirigiendo a los israelitas por el desierto se aseguró que tuvieran suficiente pan para *cada día*. Pero algunos, preocupados porque tal vez no pudieran tener suficiente, decidieron guardar más de lo que necesitaban. La Biblia narra que «lo guardado se llenó de gusanos y comenzó a apestar».[13]

El Señor no está interesado en eliminar la ansiedad que sentimos cuando vemos que se agotan nuestras provisiones. Siempre que notamos *carencia* en nuestra vida preferiríamos tener un enorme depósito del que podamos gastar, lleno de todo lo que podamos necesitar alguna vez. No queremos tener que poner atención a las temporadas de oportunidad para encontrar congruencia con el ritmo de *abastecimiento*. Tampoco estamos ansiosos por aprender cómo trabajar y cooperar con las leyes de atracción y de siembra y cosecha. Sencillamente queremos una bodega, preferiblemente cerca y ya pagada.

Y no queremos compartir lo que tenemos. En realidad, el pensamiento de escasez protege nuestras naturalezas caídas y egoístas; si hay provisiones limitadas, se justifica *no compartir*. Si hay abastecimiento ilimitado, no hay justificación para no compartir: hay suficiente para todos. Compartiríamos con confianza lo que tenemos y también nos comprometeríamos colectivamente en el proceso de localizar y recolectar más del mundo abundante. Enseñar a otros cómo hacer esto junto con nosotros tampoco nos amenazaría; el engrandecimiento *de ellos* no nos lastimará para nada. Quizás el llamado del Señor a que compartamos está arraigado en el conocimiento de que a nuestro alrededor hay recursos más que suficientes. Simplemente debemos ser diligentes y estar alerta, usando las leyes que Dios nos ha dado, leyes que llevan a la abundancia.

Incluso creo que el Señor *quiere* que en la receta haya la inseguridad de «no estar seguros acerca de mañana». Jesús dijo a sus seguidores: «No se preocupen diciendo: "¿Qué comeremos?" o "¿Qué beberemos?" o "¿Con qué nos vestiremos?"»[14]

Él siguió diciendo: «No se angustien por el mañana, el cual tendrá sus propios afanes».[15] Dios quiere que los humanos hagan girar hacia la *fe* a la inseguridad acerca del futuro, no que eliminen esa inseguridad acaparando.

Pero la fe en la provisión no es solo fe en que Dios está haciendo milagros económicos para usted y para mí. Sí los hace; sin embargo, creo que la fe en la provisión es creer que el Señor es suficientemente *bueno* y suficientemente *fabuloso* para dar provisión a toda persona que vive en este planeta. ¡Dios es benévolo! Por eso ha establecido leyes, como la de la siembra y la cosecha, la de la atracción, la de las estaciones, etc. Él quiere que descubramos y utilicemos estas leyes naturales para producir toda la abundancia que los seres humanos podríamos necesitar.

Dios no es tonto; no nos habría ordenado poblar la tierra sin asegurar que hubiera aquí suficiente para sustentar el resultado de ese mandato. No estoy sugiriendo que no deberíamos tener una ética de conservación; sí debemos reponer los recursos naturales, como por ejemplo nuestros bosques. Debemos mantener limpios nuestro aire, nuestros ríos, etc. Pero hay enormes recursos en este planeta que aún no se han utilizado. Uno de los nombres hebreos de Dios es El Shaddai, que muchos teólogos traducen: «el Dios que es más que suficiente». Quizás él en realidad es más que suficiente.

Debemos entender que cuando la escasez toca a nuestra puerta, allá afuera siempre hay más. A veces podría ser difícil encontrarlo, y se necesitará algo de ingenuidad (y oración) para imaginar cómo obtenerlo, pero debemos creer que siempre hay suficiente. Nuestra fe en Dios como nuestro Creador *exige* que creamos eso. Además, la experiencia ha demostrado que así es.

Más que suficiente

Si examinamos los recursos de la tierra llegaremos a una conclusión discordante: Aunque los profetas del desastre sigan sugiriendo escasez de recursos, ¡la economía global está atestiguando la más grande explosión de abundancia de recursos en la historia de la humanidad! Si realmente hay límites físicos a las fuentes de materiales y energía que sustentan la población humana, entonces parece que esos límites están tan lejos del horizonte humano que para toda intención y propósito son *inexistentes.*

Morris Adelman, profesor del Instituto Tecnológico de Massachussets y uno de los más destacados expertos en energía, aseveró: «La gran escasez de petróleo es como el horizonte: siempre se aleja cuando vamos hacia él».[16] Consideremos que el mundo tiene casi diez veces la cantidad de reservas que tenía en 1950, y casi el doble de las reservas conocidas de 1970. Pero he aquí lo interesante: hace doscientos años el petróleo solo era un fango inútil que en realidad hacía caer el valor de la propiedad. Pero de algún modo los humanos descubrimos cómo convertir ese fango en un recurso que mejoraba y preservaba la vida. La Biblia afirma que es Dios quien prometió dar a los seres humanos sabiduría que llevaría a «hallar los mejores consejos»[17] y que durante la historia humana «la ciencia se aumentará».[18] ¿No es totalmente posible que el Dios que nos ordenó llenar la tierra sabía cuándo liberar estratégicamente conocimientos y dónde «hallar los mejores consejos» para ayudar a sustentar ese mandato?

Nunca se ha considerado a la arena como un recurso, pero la revolución de las telecomunicaciones y nuestra capacidad tecnológica en expansión ha convertido a la arena en un valioso artículo: es el recurso básico del cual se hacen chips de computación y aparatos de telecomunicación de fibra óptica.

¿Qué otros recursos no descubiertos allá afuera mejorarán y enriquecerán la vida aquí en el planeta Tierra? ¿Qué más tiene planeado Dios para hacer bien y llenar de alegría nuestros corazones?[19]

La actual tecnología nuclear asegura que el mundo tiene aproximadamente ocho mil cuatrocientos años de energía para el futuro a las actuales tasa de consumo.[20] Si seguimos viendo adelantos en tecnologías de fusión nuclear, estos garantizarán enormes suministros de energía para decenas de miles de años. Si la fusión demuestra ser un descalabro, existen recursos de energía geotérmica y solar que prometen prácticamente ilimitados suministros de energía a medida que mejore la tecnología y esos recursos se vuelvan económicamente más competitivos.

Quizás el mundo realmente *no sea* un lugar de escasez. ¿Y si hay bastantes sorpresas de provisión de la recompensa divina para seguir sustentando la vida humana hasta el regreso de Cristo? ¿Y si hay más que suficiente para todo el mundo? Eso nos haría querer acabar con un poco más de tenacidad con cosas como la pobreza. Eso haría a los amigos, las empresas, las comunidades y las naciones un poco menos inclinados a pelear por recursos.

Quizás el problema no es la escasez sino nuestra reticencia a confiar: preferimos guardar que confiar. Quizás tenemos una reticencia a confiar porque no queremos tener que pensar acerca de encontrar el «más» que Dios promete que está aquí; quizás sea asunto de pereza. Además, puesto que no queremos *compartir* lo que tenemos, quizás también sea asunto de codicia.

Muchos «quizás» que se deben considerar.

Uso de la ley de la atracción para asegurar abundancia

Creer que el Señor es bastante bueno proveyendo suficiente para todo ser humano en el planeta haría realmente a Dios un Dios benevolente. Sin embargo,

¿cómo recibir esa abundancia? ¿La perseguimos y nos postramos ante ella? No. Jesús afirmó: «Busquen primeramente el reino de Dios»,[21] lo cual significa que debemos buscar el gobierno del Señor y sus intereses. También se nos ordena tratar de entender cómo Dios dispone que las cosas funcionen en este mundo.

Existen aspectos prácticos para esto, así como los hay en la ley de la siembra y la cosecha. Cuando la Biblia habla de cultivos nos recuerda que el Señor es el responsable de la cosecha y del fruto que produce la tierra.[22] Aun así, ningún agricultor se sienta a ver televisión, esperando que Dios traiga milagrosamente cosechas de trigo, maíz y cebada, o *cualquier cosa*, para poner en su granero. Los agricultores esperan la estación adecuada, aran la tierra, plantan la semilla y buscan secretos para mejorar la empresa de cultivar. Aprenden de fertilización, desyerbe, desarrollo de semillas híbridas… ¡hay toda una ciencia detrás de cultivar!

A medida que los agricultores y los científicos agrarios descubren formas de hacer las cosechas más abundantes, ninguno se pregunta si ellos han entrado al dominio de Dios. Creemos que el Señor es quien da sabiduría a los humanos para «hacer funcionar el sistema» que *él* ha instaurado. Además, creemos que él es digno de alabanza después de que los humanos hacen funcionar el sistema y experimentan abundancia. Así cantaba el compositor de himnos en el siglo diecisiete, Thomas Ken: «¡Alabado sea el Señor de quien fluyen todas las bendiciones!»

¿Quién sale bendecido?

Mientras yo recorría la carretera en los campos de Wisconsin hace varios años me llamó la atención una hacienda muy grande y bien mantenida. A Wisconsin se le conoce por sus haciendas familiares; usted generalmente pasa una cada tres kilómetros de carretera. Esta era de veras impresionante: hermosos jardines, cercas blancas de madera recién pintada, casa principal y edificaciones anexas llamativas (hasta el establo principal tenía pintada sobre la puerta una graciosa vaca), y los animales de la hacienda se veían sanos y limpios.

Al seguir adelante en la carretera apareció en total contraste la siguiente hacienda. Estaba completamente desarreglada. El césped de los patios parecía como si lo recortaran las cabras. «Pelos» de viejas alambradas que parecían cejas de un anciano de noventa años se enredaban en cada poste de las cercas de alambre de púas. El porche de la casa estaba inclinándose un poco hacia el sur, y la puerta del establo estaba suelta en un extremo… tampoco se había visto una mano de pintura en las últimas décadas. Y los animales de la granja estaban poco desarrollados y totalmente sucios con estiércol de vaca.

Bueno, no se necesita mucho análisis para imaginar qué estaba pasando. Yo podría asegurar que el agricultor con la hacienda gloriosa estaba experimentando la bendición de Dios. Y quizás las bendiciones se agotaban antes de bajar por el camino hacia el agricultor con la desastrosa hacienda. Pero todo el mundo sabe que hay más en cuanto a esa historia. El Señor bendice a las personas, pero también bendice sus *esfuerzos.* El hacendado bendecido se bajó de su «bendita seguridad» y se puso a trabajar. El hacendado no tan bendecido no hizo así. Y si ambos intercambiaran haciendas, no pasaría mucho tiempo antes de que también cambiara el aspecto de ellas.

Milagros de segunda fuente

Para Dios es cosa fácil hacer milagros especiales de provisión (¿recuerda a Jesús alimentando los cinco mil con unos cuantos panes y un par de peces?[23]). Pero no es un milagro de provisión menor cuando conseguimos cosechas de bendiciones al aprender a usar la ley de la siembra y la cosecha, la ley de la atracción, y la ley de «sudar la gota gruesa» cuando vamos tras las bondades que el Señor ha puesto en este mundo.

Imagínese que tiene dos hijos varones, Roberto y José. Los dos se le acercan a usted una mañana, y le piden dinero para unas bicicletas nuevas que quieren comprar. Usted podría darles el dinero (¿un milagro especial?), pero está interesado en enseñarles a ser más que «aquellos que toman lo que hay» en el mundo. Así que establece un sistema. Ya que usted vive junto a un campo lleno de flores silvestres, les dice que les dará un dólar por cada manojo de flores que recojan.

Los dos muchachos se dedican a la tarea. Pero Roberto abandona a José en los campos antes de mediodía. José suda y trabaja tan febrilmente como puede. Después de un par de horas llega Roberto con ocho de sus amigos... les ha dicho que les dará cincuenta centavos a cada uno por cada manojo de flores silvestres que recojan. Al final del día, sin haberse puesto a sudar mucho, Roberto tiene todo el dinero que necesita para la bicicleta nueva, pero José solo tiene la mitad, pese a haber trabajado mucho más duro.

Roberto sonríe, porque aprendió cómo funciona el sistema que fue establecido. Pero José acude a usted y trata de que le dé *más* por manojo (quiere trato especial), sosteniendo que ha trabajado más duro que Roberto. Usted tiene que tomar una decisión.

No sé usted, pero yo preferiría más bien «hacer funcionar el sistema» que el Señor estableció, que regresar a él directamente y pedirle que haga algún milagro económico especial para mí. Me parece que pedir milagros monetarios es un poco irresponsable, igual que un trabajador perfectamente sano, soltero y habilidoso que vive de vales de alimentación. No me malinterprete; uso con algún grado de regularidad «vales divinos de alimentación»; ser un individuo caído en un mundo caído no hace antecedentes perfectos. Pero creo que trae más gloria a Dios cuando confiamos y hacemos funcionar el sistema de provisión que él instauró (como con la ley de la atracción), que cuando tenemos que hacer una desesperada llamada de «auxilio, necesito un milagro ahora, ¿me podrías enviar un perro con una bolsa llena de dólares de plata en la boca» al Todopoderoso.

No obstante, tal vez solo yo soy así.

8

Un «secreto» siniestro

La ley de la atracción, a la cual se ha anunciado como «El secreto», se convierte en un «secreto siniestro» cuando está ligada solamente a los deseos, anhelos y aspiraciones de un individuo, y no a algo «para otros» como es el reino de Dios. Cuando usted vive para sí mismo, el mundo se convierte en un lugar del cual «sacar», un campo de competencia, un territorio para superar y conquistar a otros... un ambiente donde únicamente sobreviven los «más aptos». En esta clase de mundo importan las encuestas, importa la juventud, importa la belleza; se descartan y se olvidan a los pobres, los débiles, los que *no* tienen belleza, los discapacitados, los ancianos y todo lo inferior a un perfecto «10».

Ser seguidor de Cristo desafía a una vida comprometida con el yo. El cristianismo empieza con pobreza de espíritu,[1] no con un falso inflamiento del valor personal de alguien. Nuestro objetivo no es vivir a lo grande, agarrando por nuestra cuenta todo lo que podamos. Nuestro objetivo es confiar en que Dios viva a lo grande *en nosotros* cuando nos damos a nosotros mismos por el bien de otros, especialmente de los menos afortunados que nosotros.

Vivir para otros hace que participemos en el modelo de Cristo de rendición y obediencia. Esto asusta un poco porque en cierto modo se siente como que perdemos nuestra libertad al seguir un sendero de amor. Pero cuando amamos, lo único que se pierde de modo gradual y regular es la clase de libertad autoorientada. Y en vez de sentirnos restringidos por esta clase de vida, en realidad descubrimos (para nuestra sorpresa y deleite) niveles totalmente nuevos de libertad, ¡de una marca «desinteresada»! Y es *agradable*. Este es el cumplimiento de la afirmación de Jesús: «El que la pierda [su vida] … la encontrará».[2]

Sin duda, vivir para el reino de Dios es una clase de abandono. Es un compromiso con más que un ego autónomo. Es preferir llevar una vida que refrena el yo y que se sale de él, mientras confiamos en que Dios se apodera del centro del yo. Así es como alguien entra a la libertad de amar al Señor con todo el corazón. Pero no crea que esto termina siendo la destrucción de nuestra autonomía o ego, ¡no es así! Se trata de la preservación y transformación del ego, al llevarlo al dominio del reino de Dios. El creyente encuentra aquí a Dios, aprende a amar, y experimenta verdadera realización.

Difícil para los hedonistas

Sin embargo, el concepto de rendición y obediencia es totalmente extraño para la mayor parte de las personas en nuestra cultura. La nuestra es una sociedad de hedonistas. *Hedonismo* es creer que el placer o la felicidad son los máximos bienes. Los hedonistas están dedicados al placer como forma de vida. (Hmmm… ¿alguien quiere cena y después cine?) Con esto no afirmo que el placer sea malo; no lo es. ¿Pero hacerlo su objetivo principal? Ahora nos topamos con un problema.

Nuestra cultura no está abierta a algo tan horrorosamente *des*agradable como «rendición» u «obediencia». Somos demasiado autoindulgentes. Creemos que el mundo está aquí para nuestra propia libertad, y creemos que se nos debería permitir hacer todo lo que queramos, siempre que queramos. La permisividad y el relativismo moral son las únicas reglas que importan en «Villa Hedón».

La idea de renunciar a los deseos propios por el bien de otros se ve absurda y como una total abdicación de nuestra libertad personal. Y usted no puede ir allí. Nadie tontea con la libertad personal... no en USA. Se trata del único valor que mantenemos sacrosanto en nuestra cultura. Pero el hedonismo tiene sus problemas. La verdad es que esta clase de libertad radical y personal finalmente resulta en una sensación de falta de propósito y de inferioridad. Soledad y ansiedad son siempre el fruto de la libertad egoísta.

La verdad, y nada más que la verdad

Cuando nos dedicamos al placer es difícil enfrentar la verdad acerca de *cualquier cosa.* Solo queremos oír lo que queremos oír, y percibimos como enemigo —o al menos como poco afectuoso— a cualquiera que nos diga algo distinto. No me malinterprete; hay un momento para el apoyo absoluto y ciego a otros. Cuando nuestros hijos estaban en el jardín de infantes traían a casa piezas de arte. Con toda honestidad, en lo que respecta al arte esas piezas eran un desastre... niños de seis años de edad no son buenos artistas. ¡Pero esas obras eran tesoros para nosotros! Nos regodeábamos con esas piezas de arte, elogiábamos a nuestros chicos por ellas, y las colgábamos visiblemente en la puerta de la refrigeradora. El producto era precioso porque lo habían hecho nuestros preciosos hijos. Y el apoyo *no* crítico era fundamental para el desarrollo de su autoestima.

Sin embargo, a medida que nuestros hijos crecían y maduraban comenzamos a ser más sinceros en para qué eran buenos y en para qué no lo eran. ¿Fue eso siempre fácil? Por supuesto que no. Pero la sinceridad es crítica para el desarrollo responsable del ser humano, y nos aleja del mundo de mera fantasía. Cuando escuchamos comentarios sinceros de aquellos a quienes amamos con relación a que no somos tan buenos como creemos ser, tenemos tres alternativas:

1. Esforzarnos por destacarnos si queremos *de veras* hacer o ser algo. (No espere elogios cuando su trabajo no es meritorio.) Henry David Thoreau escribió: «Si usted ha edificado castillos en el aire, su trabajo no tiene que perderse; allí es donde deberían estar esos castillos. Ponga ahora los cimientos debajo de ellos». Si usted no está dispuesto a luchar por sus sueños, y no quiere más que «soñarlos», entonces está viviendo en un mundo de fantasía. Y la fantasía no es realidad. *Sea real.*
2. Pedir información sincera de personas que respetamos, y si «quienes están enterados» no nos alientan a seguir caminando por una senda particular, reexaminemos nuestras fortalezas, y cambiemos de dirección. Recibir opinión sincera le podría parecer cruel demolición de sueños, pero no es así; es una *revisión de la realidad.*
3. No hacer caso a las evaluaciones de quienes nos rodean y seguir soñando hasta que la realidad y la fantasía se fundan en una gloriosa visión; a esto se le denomina crecer y fumar nuestro propio *hachís de sueños.*

¿Qué pasó con el trabajo?

Otra grave falla en cómo el equipo de Byrne presenta la ley de la atracción es su silencio acerca del *trabajo* serio, reflexivo y esforzado. Al leer «El secreto» usted siente que lo único que se debe hacer es pensar, sentirse bien y soñar… eso es todo. Luego todas las cosas le llegan mágicamente; el universo hace el resto. Creo que soñar es poderoso... los pensamientos y los sentimientos son poderosos. Pero hay mucho más en la ley de la atracción que simplemente sentarse y soñar. Usted tiene que *hacer* cosas... cosas tediosas y difíciles, como perseverar en el colegio, o negarse tenazmente a comprar o a hacer más cosas divertidas cuando usted debe primero pagar sus cuentas. ¿Y qué de la paciencia, la determinación, la persistencia, el valor, la audacia, la firmeza y la lealtad? Estos atributos no se pueden reemplazar simplemente emitiendo *pensamientos* y *sentimientos* dentro del universo y esperando que el cosmos le devuelva todo lo que quiera, solo porque usted lo merece. ¿Qué pasó con la idea de *trabajar*?

Sin embargo, ¿quién quiere trabajar si el universo hará todo el trabajo por usted? Participar en videojuegos y ver televisión las *veinticuatro* horas es mucho más divertido que tomar cursos nocturnos extra en una universidad de la localidad. ¿Por qué trabajar tan duro y pagar tanto dinero para mejorar su carrera yendo al colegio para obtener un título, cuando lo único que necesita es cortar fotos de autos nuevos y casas de varios millones de dólares, imaginar que posee eso, y —*¡listo!*— la riqueza llega. Pensar *y* enriquecerse es mucho más fácil que pensar *más* hacer, ahorrar, planificar, restringir gastos, perseverar en seguir educándose, además de esforzarse mucho por prosperar. No obstante, ¿por qué hacer algo si el benevolente cosmos está sencillamente esperando que usted le dé órdenes?

Aproveche, tío.

El problema con sentarse a soñar es que solo funciona para los que escriben libros y crean discos digitales de video en que *dicen* a los demás que se sienten a soñar. Y cuando compramos esos libros demostramos a los autores que sentarse a soñar en realidad funciona... al menos para ellos. El resto de nosotros tenemos que trabajar.

Una cultura de *Ídolo estadounidense*

Las líneas entre la fantasía y la realidad se confunden constantemente en una cultura comprometida con el placer personal. Me parece filosóficamente irresponsable presentar la ley de la atracción a una cultura como la nuestra, sin reconocer y advertir contra estos asuntos. Un resumen de nuestra incapacidad de separar la fantasía de la realidad aparece claramente en la popular serie de televisión «American Idol» [Ídolo estadounidense], un «concurso en vivo» que busca talentos musicales. Al ganador lo lanzan a una carrera en interpretación musical.

En una temporada reciente un concursante de Minneapolis puso la mirada en el premio de convertirse en el próximo «ídolo estadounidense», con toda su extravagancia, su glamour y su prometida adoración de ídolo. Después de ser rechazado por los jueces de la competencia salió furioso del salón. Con lágrimas de disgusto que le bajaban por las mejillas lanzó uno o dos improperios a Simon Cowell y a los demás jueces, y exclamó a la cámara: «Ya tengo dieciséis años, y quería empezar triunfando».

El concursante quería «empezar» triunfando, no *esforzándose* por lograrlo. (La regla de los hedonistas, ¡se lo dije!) Él sencillamente no podía entender por qué los jueces se atrevían a acabar lo que él había soñado hacer. ¿Cómo esos *#@¡$¡%* jueces ponían un obstáculo frente a lo que él creía que era su *derecho* hacer?

La verdad es que hay muchas personas tipo «me debes lo que quiero porque soy muy chévere y lo quiero». Existen en nuestra cultura cada vez más sujetos que creen tener derecho a cualquier cosa que quieran. No están satisfechos con el derecho conferido en la Declaración de Independencia de «buscar felicidad»; ellos creen que la felicidad es su derecho de entrada, que *no es necesario buscarla.* Por supuesto, la felicidad no está relacionada con algo tan hogareño y común como un buen empleo, una vida sencilla, y un matrimonio feliz... de ningún modo. Estos chicos y estas chicas lo quieren *todo*. Quieren ser ricos, famosos y adorados de manera adecuada.

Tristemente, ser una cultura tipo «ídolo estadounidense» es quizás la razón principal para este enorme baño de éxito que Rhonda Byrne ha disfrutado con su reciente libro de superventas, *El secreto*: se han vendido millones de copias. ¿Por qué? ¿Qué nervio ha pinchado el libro para detonar tan asombrosa respuesta?

Gracias, hedonismo. Cuando la ley de la atracción se presenta a una cultura dedicada al placer personal y a la felicidad; y a esa cultura se le dice que «el secreto» es la clave para obtener *todo* lo que queramos, *en el momento* que lo queramos; y cuando la información de «lo necesario para saber cómo tener el secreto en su vida» está intercalada a la perfección en un provocador DVD de noventa minutos, que no requiere esfuerzo mental, con un estilo que no tiene nada que envidiar a *El código Da Vinci*, usted tiene todos los elementos de un gran éxito. Todo es *muy emocionante* y *divertido*. Y usted ni siquiera tiene que hacer algo que requiera disciplina o que sea tan difícil y aburrido como... digamos, leer.

¿Y la ética?

Otra *metida de pata* del equipo Byrne tiene que ver con cómo manejan el tema de la ética. *Ética* son los principios por los que vivimos, lo que consideramos bueno y malo como individuos y como sociedad. El factor en juego aquí es: *¿quién toma la decisión?* Los hedonistas siempre afirmarán que «lo que es correcto para usted no necesariamente es correcto para mí», y viceversa. Ellos debatirán la idea de que lo bueno y lo malo son asuntos que cada persona debe decidir por sí misma... íntimamente. Hacer tales juicios no es derecho de ninguna autoridad *externa.* Con seguridad no de Dios.

Por otra parte, la teología cristiana sostiene que Dios es el autor de la ética; él es, como nuestro Creador, quien finalmente resuelve lo que está bien y lo que está mal: qué motivos son buenos y cuáles son malos. La Biblia dice que podemos confiar en Dios en cuanto a esto porque sus juicios están ordenados para algo más que el ego y el placer, están ordenados conforme a *su naturaleza*, la cual es *amor.*[3] Esto significa que el Señor no toma decisiones de modo arbitrario, no insiste en que «esto es bueno» y «eso es malo» solo porque él es Dios y *puede* autorizar cosas. En otras palabras, él no juzga lo bueno de lo malo debido a algún impulso divino para mangonear a la gente. Sus juicios sirven a su naturaleza amorosa; él solo exige lo que el amor demanda. Dios no es egoísta; puede ser confiable.

El sueño del Señor al crear a los humanos era que fuéramos a su imagen: que fuéramos como él.[4] Él les dio a los seres humanos el mismo poder de escoger lo que él disfruta. Sin embargo, ¿qué quiere él que hagamos con eso? ¿Debemos empezar a escoger las cosas de manera arbitraria... decidiendo qué es bueno y qué es malo basándonos en lo que creemos que es bueno o malo? ¿O debe la voluntad humana «ordenarse a» algo más, algo superior a sentimientos o caprichos egoístas?

En una de las iglesias que pastoreé había un muchacho que se la pasaba merodeando y disparando las alarmas de incendio. Tuvimos varias visitas del departamento de bomberos antes de que pudiéramos atrapar al briboncito. Él creía que disparar alarmas de incendio era algo que debíamos hacer porque *podemos* hacerlo. No entendía que las alarmas de incendio debían estar «ordenadas» con un propósito específico: solo debían ser disparadas para advertir de un incendio. Lo mismo se aplica a nuestra capacidad de escoger. No deberíamos escoger porque *podemos*; nuestra capacidad de elegir se debe *ordenar a* algo más: el amor de Dios; debe haber fuego.

Fue el gran teólogo Agustín (de vuelta al siglo cuarto) quien tomó primero la posición de que la caída del hombre tuvo completamente que ver con nuestro departamento de «decisión»: la voluntad humana. Sostuvo que el Señor les otorgó la «voluntad» a los humanos para que pudiéramos responder al bien y al mal de Dios. Antes de la caída en Génesis 3 el bien y el mal de Adán y Eva estaban *en Dios*. El Señor les decía lo que estaba bien y lo que estaba mal. Ellos simplemente obedecían. Sus voluntades estaban ordenadas conforme a los propósitos del Señor.

Agustín afirmó que esta primera acción pecaminosa *inclinó* (latín *incurvatus*) la voluntad humana. Esto hizo que la voluntad humana hiciera algo que no estaba destinada a hacer. Dejó de ordenarse (u obedecer) al bien y el mal de Dios, y empezó a determinar todo el bien y el mal por su cuenta… sin el gobierno del carácter amoroso de Dios.

Agustín sostuvo que la tentación de la serpiente fue para hacer creer a Adán y Eva que no deberían obedecer a nadie más que a sí mismos, que el bien y el mal lo deberían determinar *dentro de* ellos mismos. De ahí que su decisión de comer del árbol prohibido fue en realidad una decisión de llevar una vida de escoger el bien y el mal por su cuenta, una decisión de no volver a vivir en respuesta a Dios y a su naturaleza de amor. La obediencia al Señor ya no estaba sobre el tapete; el bien y el mal se convirtieron en cualquier cosa que la humanidad quería que fueran.

Después de la caída, la voluntad ya no estaba ordenada conforme a algo fuera de sí misma. Se volvió una fuerza por sí misma. Cuando la voluntad humana fue desplazada de un propósito superior, quedó libre para querer todo lo que quisiera. Nació el egoísmo. El problema del alma humana no es entonces ignorancia ni nuestro deseo de cosas malas; el problema es que preparamos nuestro propio bien y nuestro propio mal. Este es el gusano que se ha introducido en la manzana de la condición humana.

Vacío moral

Cuando los seres humanos se acostumbraron a tomar decisiones basadas en su propia percepción del bien y el mal, entraron a un vacío ético. No existe tal cosa como «bien y mal», al menos no un bien y mal universal. Este es el nacimiento del relativismo moral, el cual es la posición de que no hay absolutos morales o éticos ni verdades universales. En vez de eso, todo es *relativo.* Lo que es bueno o malo debe estar determinado por circunstancias sociales, culturales o personales. La preferencia del individuo gobierna lo supremo en un mundo relativista: ¿A quién le importa qué piensa o valora alguien más? Estos chicos y estas chicas sostienen que no hay un camino «bueno» o un camino «malo». Por tanto, su credo es: «Haz lo que desees… todo es bueno». (Para su información: Este también es el alimento intelectual del éticamente deplorable dictador tercermundista.)

Lo cierto es que nuestras decisiones *sí* impactan más que a nosotros mismos, y no reconocer eso abre las esclusas para que actuemos en maneras que lastiman a quienes nos rodean. Lo triste es que no sentiremos el más mínimo dejo de culpa, porque ni siquiera notaremos el dolor que infligimos; estamos tan enfocados en cómo nos están afectando las cosas que no observare*mos* a nadie más. Hacer de nuestras necesidades, nuestros deseos y nuestras preocupaciones la mayor prioridad en nuestra vida nos deja apáticos hacia las necesidades y anhelos de los demás. Nos unimos a las filas de los éticamente discapacitados (y si lo *creemos* con bastante fuerza, el universo empezará a darnos un espacio de estacionamiento especial).

Como Dios

En la graciosa película *Como Dios* [Bruce Almighty], Bruce Nolan (interpretado por Jim Carrey) es un reportero de televisión en Buffalo, Nueva York. Al final de un día terriblemente particular, Bruce se burla furiosamente de Dios y arremete contra él por la mala labor que el Señor está realizando en cuanto al control de todo. Dios (interpretado por Morgan Freeman) responde apareciéndosele en forma humana a Bruce y dotándolo con poderes divinos; luego reta a Bruce a ver si puede hacer mejor el trabajo que Dios.

Al comienzo de la película Bruce utiliza para sí mismo sus recién descubiertos poderes. En nombre del dulce romance enlaza la luna y la acerca demasiado al planeta... sin otro motivo que lograr que su chica «esté de humor» para amar. Bruce es totalmente ajeno al hecho de que su acción va a causar estragos en las olas del océano; y no muestra el más mínimo titubeo cuando cambia la órbita de la luna para dar realce a su romántico propósito. Después de todo, ¿cómo podría ser errónea alguna acción basada en la búsqueda de algo tan maravilloso como el amor... algo que se siente tan bien? La mañana siguiente, Bruce hace total caso omiso de las noticias del desastre que está ocurriendo en las costas, donde maremotos destruyen casas y vidas como consecuencia de que la luna se saliera de su órbita la noche anterior.

El secreto se convierte en un *secreto siniestro* cuando crea una cultura de Bruces Almightys que lo usan únicamente para conseguir todo lo que desean, sin la más leve insinuación de que sus «deseos» podrían lastimar, o hasta desplazar, a quienes están a su alrededor.

Si no comprendemos que hay mucho más en la ley de la atracción que obtener lo que queremos, siempre que lo queramos, nos estaremos reduciendo a vivir en un mundo de fantasía y manipulación, y el concepto en realidad se vuelve siniestro.

Fantasía y manipulación 101

Usted entiende que la ley de la atracción le traerá *todo* lo que desee. Y una de las cosas que usted ha querido es un sofá nuevo; lo ha deseado por un buen tiempo. Así que usted empieza a hacer funcionar la ley: comienza a pensar en el sofá; siente las sensaciones de tenerlo; minuciosamente estudia algunas revistas para encontrar el que se ajusta a su deseo; y entonces lo encuentra en un catálogo Dwell (ahh... su primera evidencia de que la ley de la atracción está funcionando), de modo que recorta la foto y la pega en la refrigeradora. Ahora usted está convencido de que la ley de la atracción está jalando el sofá hacia usted *¡de inmediato!*

Usted descubre luego que mientras más piensa en el sofá, *más lo quiere.* El deseo está en plena floración... a duras penas se lo puede quitar de la mente. A usted no le preocupa que sea codicia o algo parecido; se dice para sí que solo se trata de la ley de la atracción pataleando, quizás con ganas. Entonces, de manera mágica, una nueva tarjeta de crédito aparece en el correo, ¡con un límite suficientemente elevado para cubrir el sofá de diseño! Usted sabe que económicamente su familia está muy ajustada, pero ese parece ser un asunto menor ante el «milagro» que acaba de presenciar. Usted tiene la seguridad de que la ley de la atracción ha contestado sus pensamientos, sensaciones y visualizaciones, ¡y que le ha traído esa tarjeta de crédito! ¡Ahora puede comprar el sofá! Le gustaría decírselo a su esposo, pero no está segura de que él ya esté listo para el secreto... él no está listo y abierto del todo a estas cosas.

Por supuesto, será apretado añadir otro pago de tarjeta de crédito de elevado interés a su lista de cuentas, pero la ley de la atracción que le trajo a usted el sofá nuevo... con seguridad le traerá más tarde algún dinero para pagarlo (¡tal vez el universo le traiga a su esposo un *tercer* empleo!). Además, usted quiere ese sofá; eso es lo que realmente importa. Qué importa que su esposo ya se sienta presionado y agobiado mientras trabaja como un burro para tratar de que el dinero le alcance hasta fin de mes. *Usted quiere esto.* Y sin duda los pensamientos que atraen se lo están concediendo. ¡Sienta la libertad! Ríase un poco. Vaya y ármese de valor para obtener lo que quiere. Sus deseos son soberanos y, ¡por supuesto!, ¡usted los merece!

¿Correcto?

Fantasía y manipulación 201

Usted le echó el ojo a ese auto nuevo. No sabe exactamente cómo pagarlo, pero lo tiene en sus pensamientos, y la ley de la atracción está acelerando el motor del auto. Con una pasión que le hace cruzar los dedos, usted está confiando en que la frecuencia para su auto nuevo está saliendo fuerte y claramente. Usted se dice una y otra vez: *Está llegando.* Usted pidió, usted creyó, y es el momento de «recibir». Usted simula que lo está conduciendo mientras maniobra la vieja chatarra que le ha tocado manejar; pega en el tablero de mando una foto de la máquina de su sueño... *y* en el espejo de su baño; usted imagina las sensaciones, los olores, la alegría que sentirá cuando lo tenga de veras. Ahora usted siente un hormigueo en la piel.

Entonces un pensamiento lo asalta cuando menos lo esperaba: *Quizás pueda vender el auto que tengo por más de lo que en realidad vale a uno de mis amigos... podría elogiar mi vehículo, hacer que mi amigo se emocione y que luego me dé suficiente dinero para una cuota inicial de mi auto nuevo.*

¡Qué idea tan milagrosa! El universo se la ha enviado. ¿Podría ser éticamente mala? Usted va a conseguir lo que *USTED* quiere. Si alguien sale lastimado, eso es porque esa persona aún no conoce *El secreto*; y eso no es culpa suya. Solo vale $29,99 en Amazon.com.

Cómo ponerse a salvo

Sea que lo admitamos o no, cuando los hedonistas usan esta presentación particular de la ley de la atracción, se convierte en una sagaz receta de codicia material, apatía social y culpabilidad para las víctimas. La única manera en que podemos estar seguros de no estar usando esta ley simplemente como encubrimiento para el egoísmo y la codicia es desconfiar de nosotros mismos. Debemos recordar que los seres humanos tenemos inclinación a engañarnos a nosotros mismos. A nuestro orgullo humano no le gusta aceptar nuestras desdichas... o nuestra necesidad de un Salvador. Creemos que siempre debemos dar lo mejor de nosotros para seguir sintiéndonos bien con nosotros mismos. El pecado mortal de una cultura hedonista es autoestima negativa.

Sin embargo, ¿y si se supone que no nos sintamos bien respecto de nosotros mismos? ¿Y si en realidad *somos* malos? ¿Personas caídas? Quizás es como lo manifestó de modo acertado el personaje Pogo de las tiras cómicas: «Hemos hallado al enemigo, y resultó que somos nosotros». Entonces nuestro problema no sería de autoestima negativa; simplemente tendríamos *egos* negativos.

Si captamos esto, entendemos la necesidad de un cultivo continuo de desesperación por Dios. Paul Tournier escribió: «Los más pesimistas con el hombre son los más optimistas con Dios».[5]

Es solo cuando estamos atados al Señor que el supuesto secreto no es siniestro.

9

Dos historias

Imagínese que un día se topa de golpe con un individuo que da un discurso al aire libre en 1863. Si usted fuera un marciano probablemente daría poca importancia a lo que está pasando; tal vez supusiera que a los humanos les gusta pararse de vez en cuando en grandes cajas a hacer sonidos. Si en la escena usted fuera un niño quizás esperaría que el discurso sea breve; después de todo, las palabras de adultos son para usted poco más que *bla, bla, bla* de personajes de tiras cómicas. Usted no sacaría mucho de esta escena. Pero digamos que usted es un historiador en visita desde el futuro; definitivamente para usted tendría un significado muy especial escuchar este discurso de Abraham Lincoln en Gettysburg, Pennsylvania.

Lo que quiero resaltar es que su punto de vista —de donde usted «viene»— impacta en cómo interpreta los acontecimientos, lo que forma su vida, y finalmente cómo reacciona usted a ello. Su «parte» en lo que sucede *realmente* a su alrededor, lo que usted cree que es la historia, conforma su vida a su debido tiempo. Esto también impactará la manera en que usted enfoca y trata de utilizar la ley de la atracción.

Por consiguiente, ¿qué demonios *está* pasando? ¿Está Dios controlando las cosas? ¿Dominan los seres humanos su propio destino? ¿Están juntos Dios y los colaboradores humanos? De ser así, ¿cómo actúa esta «cooperación»? ¿O las cosas suceden simplemente porque sí? ¿Cuál es la *participación* de usted? ¿Cuál cree que sea la historia detrás de los hechos que está viendo suceder en el mundo?

Una cultura tipo Señor de los anillos

La historia de la Tierra Media de J. R. R. Tolkien, *El Señor de los anillos,* describe un mundo de fantasía lleno de toda clase de seres: desde conocidos humanos, duendes, figuras mitológicas, enanos, dragones, seres diabólicos y gigantes que viven en cuevas o debajo de los puentes hasta los menos conocidos barlogs, nazguls, ents y woses. Todas estas razas tenían diferentes historias, creencias, credos, culturas, códigos éticos y leyendas... interpretaban la *realidad* de modo distinto; sus historias eran diversas. Y las historias que creían conformaban la vida que llevaban. Filosóficamente, el occidente es tan opuesto en sus creencias e interpretaciones de los sucesos diarios, como las criaturas de la Tierra Media de Tolkien.

El apóstol Pablo nos advirtió al respecto. Expresó que quienes, en un mundo de historias e interpretaciones contrastantes, tienen distintos puntos de vista siempre tratarán de *presionarnos* para que concordemos con ellos. Toda historia alterna reclamaba ciertas cosas acerca de Dios (o de los dioses), el papel de la especie humana (quiénes somos), y lo que depara el futuro. Pablo desafió a la iglesia a no «conformarse» por las historias inventadas por personas.[1] Él manifestó que la Biblia nos cuenta la historia desde el punto de vista de Dios, y que nuestras vidas serán «transformadas si escuchamos y aceptamos esa historia».[2]

Revisemos dos historias preponderantes (meta-narraciones) que dominan la cultura occidental. Una es de fe en Dios, la otra de fe en la humanidad.

La versión corta

A riesgo de parecer demasiado simplista, he aquí una versión corta de la historia bíblica: La realidad como la conocemos es el resultado de un Dios que creó todo lo que vemos. Sin embargo, él no está limitado por lo que hizo; él vive *dentro* (inmanente) y *fuera* (trascendente) de la creación. El Señor creó el mundo porque quería ser parte de él, para desbordar su vida *dentro* de esta tierra. Como parte de un medio para este fin, Dios creó una especie de seres que podrían representar la sabiduría y el cuidado de él dentro de la creación. Y los hizo un poco distintos de todo lo demás en la creación, para ser portadores de algo único: «Sopló» dentro de nosotros (no dentro de alguna otra criatura) su mismísimo hálito de vida.[3] Su hálito en la vida humana fue el modo principal en que el Señor estaba entrando en su creación. Él quería que su gloria estuviera presente en este mundo *por medio* de la experiencia humana.

Pero, trágica ironía, los mismos seres que Dios creó para que él tuviera acceso al mundo se rebelaron contra su intención; perdimos nuestra senda. También perdimos acceso al hálito del Señor: su *presencia.* Morimos espiritualmente, y la creación fue separada de su Creador.[4] La buena noticia es que Dios no solo es Creador sino que también es Redentor y Restaurador. El Señor halló una manera totalmente apropiada de resolver el problema al encontrar una forma de reconectarse con la especie humana y hacer que ocurriera su intención original. Jesucristo vino a este planeta (entró a las limitaciones de su creación) para hacerse cargo de *nuestra* muerte espiritual, y encontró una manera de re-«alentarnos»: hacer que volviéramos a nacer, en un sentido espiritual.[5] Dios, a través del ingreso de Jesús en nuestras vidas, vuelve una vez más a morar en sus criaturas humanas,[6] como finalmente hará con toda la creación (¡al final la Biblia dice que Dios vendrá a vivir algún día en el planeta Tierra!), transformándolo en aquello para lo que fue hecho desde el principio.[7]

Vaya. Que gran historia.

Administración adecuada

No pienso que creer en Dios y su plan para nuestras vidas signifique que quedemos reducidos a ser marionetas. Tampoco creo que Dios esté interesado en ordenar con quién debemos casarnos, qué trabajo se supone que cada uno deba tener, y qué debemos comer en la cena. Él no quiere micro-manejar nuestras vidas.

Creo que el Señor es más como un padre. Gail y yo tenemos cuatro hijos (todos adultos ahora). Con seguridad tuvimos un «deseo» para ellos: Quisimos que fueran felices. Quisimos que se criaran para ser individuos responsables y participativos. Los instamos a buscar y descubrir sus talentos e intereses, y luego a invertir en ellos. Quisimos que cada uno encontrara a alguien para amar y con quien disfrutar. Teníamos todo un montón de cosas específicas que deseábamos para ellos... específicas pero bastante generales para *no* ser controladores o represivos. No queríamos controlarles la vida.

Creo que esto refleja cómo Dios enfoca su voluntad en nosotros. Él tiene una voluntad específica para cada uno de nosotros. Desea que seamos felices,[8] que vivamos de modo moral y ético,[9] que tratemos nuestro fracaso con perdón,[10] para quedar libres de toda sensación de condena,[11] que lleváramos vidas largas y placenteras,[12] que fuéramos fructíferos en nuestros esfuerzos,[13] que impactáramos el mundo,[14] que fuéramos libres de adicciones y patrones destructivos de conducta,[15] que nos sintiéramos realizados,[16] etc.

Todos estos son aspectos específicos que Dios quiere para nosotros, específicos pero suficientemente generales para *no* ser opresivo. Él no quiere controlar nuestras vidas.

El principio Ricitos de Oro

Es algo extraño cuando usted piensa al respecto, pero como creyentes vivimos todo el tiempo amando y sirviendo a alguien a quien nunca hemos visto. Pero así es como funciona la fe. Dios es invisible. Pero vemos a nuestro alrededor indicios de su actividad. El genio matemático Blaise Pascal, quien vivió en el siglo diecisiete, escribió: «Si [Dios] hubiera querido vencer la obstinación de los más endurecidos, pudo haberlo hecho revelándoseles tan claramente que no pudieran dudar de la verdad de su esencia. … Hay suficiente luz para aquellos que solo desean ver, y suficiente oscuridad para aquellos de disposición contraria».[17]

Creo que el Señor entra a hurtadillas en nuestras vidas en la misma forma que Ricitos de Oro en «Ricitos de Oro y los tres osos». Permítame explicar. En la historia de Ricitos de Oro, papá oso, mamá osa y bebé osito llegan un día a casa, solo para descubrir que *alguien* se ha estado comiendo su avena, se ha sentado en sus sillas, y se ha acostado en sus camas. No es sino hasta el final de la historia que ellos averiguan que se trataba de *Ricitos de Oro*.

Creo que Dios, al estilo de Ricitos de Oro, participa en nuestras vidas *antes* de que lo notemos. Él se mete con nuestra avena (toca nuestras almas en un modo que hace ciertas cosas más interesantes para nosotros que otras); se sienta en nuestras sillas (él es quien nos permite llorar por lo que lloramos y reír por lo que nos parece divertido); él yace en nuestras camas (nos forma en tal manera que encontramos plenas algunas cosas y otras no; hay lugares que nos parecen «bien» y otros que no). Y aunque es Dios quien lo hace, y sentimos y vemos los *resultados*, no logramos ver*lo* sino hasta el final de la historia. El antiguo cántico afirma: «Cuando todos lleguemos al cielo, qué día de regocijo será».[18]

Libres para ser

No tema que someterse a la voluntad de Dios signifique que solo hay *una cosa específica* que se le permite hacer (casarse con una persona específica o seguir una carrera específica) o de lo contrario Dios se enojará con usted. Eso no es verdad. Mientras la señal direccional de su corazón sea amar a Dios, y usted esté abierto a que él influya en su vida, usted tiene la libertad de ir tras lo que le produce gozo, amor, felicidad y alegría. *¡Corra tras eso!* El Señor quiso que la vida fuera una aventura. Él quiere que la disfrutemos.

Descubra lo que proporciona felicidad interior... esos son los aspectos que alimentarán su éxito. Encuentre lo que le hace sentir bien, lo que resuene con su corazón, y se hallará en el centro de la voluntad divina. A menos que el Señor clarifique que él desea algo más de usted (él siempre le pedirá que participe en proyectos especiales), usted puede vivir en el gozo de que está completamente en la voluntad de Dios.

Planes con salvedades

Aunque deberíamos tener un gran sentido de libertad cuando se trata de decisión personal, el apóstol Santiago amonestó a la gente a mantener siempre una actitud de sumisión ante Dios mientras se hacen planes. ¿Por qué? Simplemente porque «el SEÑOR es Dios; él nos hizo, y somos suyos. Somos su pueblo, ovejas de su prado».[19]

Santiago advierte: «Ahora escuchen esto, ustedes que dicen: "Hoy o mañana iremos a tal o cual ciudad, pasaremos allí un año, haremos negocios y ganaremos dinero"». Pero su «mensaje» de advertencia nada tiene que ver con el actual proceso de planificación. Él simplemente les pide añadir esta salvedad:

«Más bien, debieran decir: "Si el Señor quiere, viviremos y haremos esto o aquello"».[20]

No tenemos que ponernos nerviosos al planear nuestras vidas; podemos pensar, soñar y poner en movimiento la ley de la atracción por cualquier futuro que nos guste. Es bueno hacer eso. ¡Pero siempre debemos darle a Dios el derecho de veto! ¿Por qué el Señor vetaría alguna vez? Porque él conoce el futuro y a veces nos advertirá si estamos tomando una mala decisión. Eso es algo bueno.

Salomón repitió esto cuando escribió: «Confía en el SEÑOR de todo corazón, y no en tu propia inteligencia. Reconócelo en todos tus caminos, y él allanará tus sendas».[21] Observe que no hay desafío lanzado acerca de asegurar que usted *solo* debe hacer lo que (o ir adonde) Dios le dice *específicamente*. Ese simplemente no es el caso. Aproveche su libertad, pero mientras va, escuche la voz del Señor. Es bueno tomar decisiones respecto de la vida. Solo asegúrese de reconocer a Dios en el proceso y obedecerlo si él dice no, o si parece estar dirigiéndolo en otra dirección.

Dios no es abuelo

La vida debería ser agradable. Dios la diseñó para que fuera de ese modo. Pero hay ocasiones en que el Señor nos hace desagradable la existencia. Si confiamos en él, esto no es nada del otro mundo. Si no confiamos, esto puede convertirse en problema en un instante. Así como Dios nos dice que disciplinemos a nuestros hijos, él también nos disciplina porque nos ama. Y si no los disciplinamos, en realidad los estamos *odiando*.[22] No crea que el Señor *solo* se preocupa de que estemos contentos. No confunda a Dios con un abuelo. El abuelo tiende a pasar por alto la mala conducta, y siempre evita la confrontación. El único objetivo del abuelo al final del día es que todos hayan disfrutado. Pero

Jesús no dijo que oráramos: «Abuelo nuestro que estás en el cielo» sino: «Padre nuestro que estás en el cielo».[23]

La Biblia es clara. Dios es nuestro Padre, y él nos disciplina «para nuestro bien, a fin de que participemos de su santidad».[24] El Señor no solamente nos ama con una sonrisa mientras distribuye estímulos de gozo en nuestras almas. Cuando estamos viviendo de modo egoísta, poco ético o pecaminoso, él se pone firme con nosotros y nos trata de una manera que no parece «agradable, sino más bien penosa».[25] Lo hace porque somos sus hijos e hijas. Somos los escogidos, sus enviados. Él cree en nosotros, confía en nosotros, y nos llama para que lo representemos. Usted y yo importamos. La Biblia aplaude a un hombre que sirvió «a su propia generación conforme al propósito de Dios».[26] Eso es lo que él quiere que hagamos. Por eso estamos aquí.

Si decimos no al plan del Señor, él se hace a un lado. Esa es una aventura terrible. Cuando Israel le dijo no a Dios, él expresó: «Mi pueblo no me escuchó; Israel no quiso hacerme caso. Por eso los abandoné a su obstinada voluntad, para que actuaran como mejor les pareciera».[27]

Yo no quiero ser abandonado para «actuar como mejor me parezca», ¿y usted?

Vienen los profetas

Debido a su compromiso con nosotros como Padre, hay muchas ocasiones en que oiremos a Dios hablándonos en maneras que nos hacen sentir incómodos. El Señor le dijo a su gente en Israel: «Hasta ahora, no he dejado de enviarles, día tras día, a mis servidores los profetas».[28]

Dios siempre envía a «los profetas». Estos a veces son pastores y amigos que nos recuerdan que pensemos más en orar y en nuestras vidas espirituales. Otras veces los profetas son programas y organizaciones que nos instan a ocuparnos de asuntos de justicia social en la comunidad, atrayendo nuestra atención a esos aspectos y personas que nuestro gobierno está desatendiendo. Los profetas son por lo general los que pagan la publicidad que nos advierte de los peligros de fumar o de conducir bajo la influencia de drogas o alcohol. Los profetas son padres que alientan a sus hijos a actuar de manera responsable en el mundo. También son los que nos confrontan con el hecho de que ahorrar dinero no es una buena razón para hacer una copia ilegal de música o de software de computación, o para engañar en nuestros impuestos.

Los profetas están en todas partes. Por incómodo que sea, debemos escucharlos.

Una historia alterna

La otra historia actual que rivaliza por la creencia en nuestra cultura es muy diferente de la narración bíblica. En esta historia no hay Dios Creador, no hay profetas, no hay juicio, y sin duda no hay «plan divino» del cual preocuparse.

En esta historia el universo es producto de la casualidad, una tirada de dados. En esta historia, las cosas que existen siempre deben haber estado aquí; no hubo acontecimiento creativo. La materia existe, y eso es *lo único* que importa. El astrofísico Carl Sagan (en tono litúrgico burlón), narra bien la historia: «El cosmos es todo lo que hay, lo que siempre hubo, o lo que siempre habrá».[29]

Para esta gente, el universo es simplemente un sistema cerrado, como la plomería de una casa. No es abierto para no tener que ser *reordenado* desde afuera por ningún Ser tal como Dios. No existen milagros. Si hay un dios, es intrascendente. La historia no tiene razón ni propósito que lo abarque todo; simplemente es lo que ocurre: una corriente secuencial y directa de acontecimientos de «causa y efecto».

Según este punto de vista, en realidad no somos nadie en particular. No somos especiales o escogidos. Llegamos aquí porque salió nuestro número, como un número en un juego en Las Vegas. No existe algo como el destino. Nadie sale a buscarnos ni planea algo para nosotros. Los seres humanos son solo máquinas complejas que tienen personalidad a causa de interacciones químicas y físicas que no entendemos del todo. El misterio de la vida no es un verdadero misterio; es complejidad mecánica.

La muerte, desde este punto de vista, no es una transición de una clase de vida a otra; es simplemente la extinción de la personalidad y la individualidad. Según el popular filósofo del siglo veinte Ernest Ángel, «el destino humano [es] un episodio entre dos estados de inconciencia».[30] Bastante lúgubre.

Creer que el universo está aquí por casualidad brinda una forma particular a nuestras respuestas en la vida. Por ejemplo, la ética (nuestro sentido moral de lo bueno y lo malo), termina siendo un asunto meramente humano. Si alguien acepta esta historia, el escenario está listo para que los apóstoles de lo absurdo convenzan a *cualquiera* de *cualquier cosa*... porque todas las ideas y los credos serían igualmente válidos.

Mister Universo

En una realidad sin un Creador se ve al universo como un reloj gigante, cuyos engranajes y palancas están en armonía con precisión mecánica, marcando el tiempo en una manera perfectamente ordenada; todo por su cuenta, desde luego. Dios no es inmanente, no es totalmente personal, y sin duda no es providencial (no hay plan divino).

Si usted acepta esta historia total tiene muy buenas posibilidades de que la forma o el orden de su vida se caractericen por una clase de deleite tipo «yo primero, voy a agarrar todas las canicas que pueda»; después de todo, no hay un Dios que lo observe. Usted tiene que arreglárselas por su cuenta.

Por otro lado, en esta historia no hay milagros. Los humanos no están caídos. Solo somos parte de la mecánica, y de nosotros depende estar en sincronización con el resto de engranajes y palancas (incluyendo libros como *El secreto*). No hay pecado ni culpa, no hay gracia ni presencia acompañante de Dios, y no hay Juicio Final… ¡que se prenda la fiesta! Cada humano debe aprender a sacar el mejor provecho de las cosas: ir con el flujo y no quedarse atrapado en los engranajes de la vida.

Cuando los individuos que creen esta interpretación usan los conceptos en *El secreto*, oímos declaraciones como estas:

- El Universo es en general como un genio (y a menudo se deletrea *universo* con *U* mayúscula, lo cual nos brinda la clase de sentimiento de que «el universo debe reemplazar mi concepto de Dios»).
- El Universo espera que usted le diga qué hacer. Él le expresa: «Su deseo es una orden para mí».
- El Universo es su ángel guardián, su yo superior.
- Déle una orden al Universo; hágale saber lo que usted desea.
- El Universo contesta sus pensamientos.
- Los seres humanos están aprendiendo a usar la mente cada vez más; un día podremos ir a cualquier parte, hacer cualquier cosa, lograrlo todo; no habrá límite para lo que podamos hacer.
- El Universo es su catálogo. Simplemente hojéelo y ordene: «Me gustaría tener ese producto, esta experiencia, esa persona». Es *así* de fácil…

- El Universo se reacomodará a fin de hacer que las cosas ocurran para usted.
- Usted puede tener todo lo que decida; al Universo no le importa lo grandioso que eso sea. No hay juicio, no hay bien ni mal.
- El Universo suministrará hasta lo mínimo que usted está anhelando.

Vaya. Este es un concepto muy distinto del que Dios enseña.

Aceptar estas mentiras ordena y conforma su vida en formas importantes. Estas creencias obligan al individuo a ver el universo como algo mecánico: sin propósito y frío. No habría algo como la oración, excepto por algo muy parecido a los versos de un antiguo poema de Steven Crane de finales del siglo diecinueve:

> —Señor, yo existo —le dijo un hombre al universo.
> —Sin embargo —contestó el universo—, ese hecho no ha creado en mí un sentido de obligación.[31]

La historia importa

La serie de creencias que usted tiene como ciertas impactará profundamente la forma en que se sienta respecto de sí mismo y cómo reaccione ante lo que le ocurre. Si este es en realidad un mundo que se maneja al azar, entonces la vida es solo una carrera de ratas, y cada rata decide por su cuenta. Si la Biblia es verdadera, la vida es una historia hermosa y apasionante, y se trata de una historia en la que importamos. También significa que importa lo que usted y yo hacemos, y cómo vivimos, porque se nos define desde un lugar eterno: somos parte de algo más grande que nosotros mismos, parte de la historia que Dios está narrando. Esta es una historia en que somos los predestinados, y nuestra labor principal es hacer lugar para que el Señor habite el mundo.

Me parece que esta es una mejor historia.

10

El verdadero «secreto»

La primera vez que vi el DVD de Rhonda Byrne de la interpretación de *El secreto* tuve sentimientos encontrados: me entristecí, luego me animé; me animé y me volví a entristecer. Me dio tristeza por la ausencia de alguna relación significativa con Dios o con las afirmaciones de Cristo; me animé porque el anhelo de una vida mejor es evidencia de que las personas se están extendiendo más allá de sí mismas. Creo además que si continúan buscando finalmente se encontrarán con Dios y con las afirmaciones de Cristo.

Hay una inspiradora historia en la vida del apóstol Pablo donde él evidencia la clase de sentimientos encontrados a los que me refiero aquí. Ocurrió cuando visitó la pagana ciudad de Atenas en uno de sus viajes misioneros. Nunca se había predicado a Cristo en Atenas, y Pablo estaba asombrado de cuán religiosa era la ciudad; estaba llena de ídolos y de adoración a ídolos.

La Biblia dice que al principio a Pablo «le dolió en el alma»[1]... se sintió triste, por así decirlo. Pero a medida que él seguía hablando encontró algo que lo animó acerca de la situación ateniense: había evidencia de que el reino de Dios estaba obrando en medio de sus habitantes. La prueba de eso, afirmó Pablo, era el hecho de que ellos eran «sumamente religiosos».[2] Él señaló un altar, el cual habían construido a un Dios desconocido, y declaró: «Eso que ustedes adoran como algo desconocido es lo que yo les anuncio».[3]

Pablo les dijo entonces a los atenienses que Dios siempre había estado con ellos; que incluso les «determinó los períodos de su historia y las fronteras de sus territorios».[4] (Reflexione en eso; Dios los destinó a estar en Atenas, aunque esta no era una ciudad cristiana.) Y Pablo les afirma que Dios hizo esto para que «todos lo busquen» y «lo encuentren», porque «él no está lejos de ninguno de [ellos]».[5] Él incluso sostuvo que *todos* estamos rodeados del cuidado del Señor, que «en él vivimos, nos movemos y existimos».[6]

Esta historia me deja anonadado. ¡Pablo afirmaba que Dios estaba presente y obrando en esa cultura pagana *antes* de que el apóstol llegara allí con el evangelio de Jesucristo! El Señor era responsable del impulso que los atenienses tenían para adorar. Pero les clarifica que esta «adoración» era incompleta y confusa sin la adición del evangelio. Se necesitaba el *evangelio,* o «buenas nuevas», a fin de poner en acción el sueño de Dios para la humanidad, y para la entrega de instrucciones de por qué adorar y qué dirección debe tener la adoración. Sin embargo, el punto de Pablo es claro: sea que la gente vea o no lo que está sucediendo, Dios aún obra en la vida de *toda* persona, en *toda* nación, en *todo* momento. La mayoría de los seres simplemente no saben esto, y levantan «altares» a lo que no entienden.

Por esto es que enfrento la popularidad de *El secreto.* Las personas corren tras esta información porque buscan esperanza, anhelan cambios, y sueñan con una nueva manera de vivir que no sea limitada ni opresora. Pero sin comprenderlo, en realidad están buscando a Jesús y a la «nueva creación» que él trae.[7]

Aquí no hay agua

La Biblia afirma que Dios «ha puesto eternidad en el corazón» de los hombres.[8] En lenguaje popular, el Señor ha colocado en los corazones de las personas un «vacío de Dios» que solo se puede llenar con Dios. Tratar de llenar ese vacío con algo más (sueños, metas, bienes, logros, aplauso, belleza, éxito) solo terminará dejando en las personas aun más sentimientos de vacío (sencillamente pregúntele a las Britney Spears del mundo).

El salmista escribió: «Dios, Dios mío eres tú; de madrugada te buscaré; mi alma tiene sed de ti, mi carne te anhela, en tierra seca y árida donde no hay aguas».[9] No hay *nada* en este planeta que sacie la sed por el Señor en el alma humana. Refiriéndose a las masas sedientas de Dios, Henry David Thoreau escribió: «Las masas humanas llevan vidas de desesperación total».[10] La única cura para esta sed se encuentra en la persona de Jesucristo, no en utilizar la ley de la atracción para hacer realidad la salud, la riqueza y el éxito en este planeta.

Jesús le manifiesta a la mujer en el pozo: «Si supieras lo que Dios puede dar, y conocieras al que te está pidiendo agua, tú le habrías pedido a él, y él te habría dado agua que da vida».[11] Luego él le responde: «Todo el que beba de esta agua volverá a tener sed, pero el que beba del agua que yo le daré, no volverá a tener sed jamás, sino que dentro de él esa agua se convertirá en un manantial del que brotará vida eterna».[12]

La gente está sedienta. La reciente oleada de interés en *El secreto* y otros libros similares es más prueba de eso. Pero beber el agua que se encuentra en este planeta tierra solamente seguirá dejando «sedienta» a la gente. Jesús es el único «que sacia la sed».

Tenemos un problema

He aquí algunas malas noticias: Los humanos están caídos. Estamos en bancarrota. Necesitamos ayuda ajena a nosotros mismos. Aun desde la trágica caída en Génesis 3, toda persona que nace es como un «nacido para perder». Con relación a la especie humana, el apóstol Pablo escribió: «No hay un solo justo, ni siquiera uno»,[13] y «todos han pecado y están privados» de lo que Dios pretendía.[14] Cada uno de nosotros está profundamente viciado a causa del pecado. C. S. Lewis escribió de la naturaleza humana: «Búsquese a usted mismo y a la larga únicamente hallará odio, soledad, desesperación, ira, ruina y decadencia».[15] Una imagen no muy agradable.

La buena noticia es que el Señor hace a un lado todo lo malo en nosotros y nos da valor. La Biblia afirma que él hizo esto «cuando todavía éramos pecadores».[16] Tristemente, la psicología moderna repudia todo el concepto de que las personas son malas, porque sus defensores han presenciado cuán debilitadora y destructiva resulta ser la culpa sin resolver en nuestras vidas. En un intento de disminuir los sentimientos de culpa dicen a las personas que no existe tal cosa como bueno o malo, ni tal cosa como *pecado.* Lo bueno y lo malo solo se puede determinar en una base individual. Los psicólogos modernos instan a las personas a sentir solo «agradables confusiones» de sí mismas, a centrarse en sus características atrayentes, y a aprender a aceptar y hasta a acoger lo malo respecto de sí mismas. Ellos promocionan ingenuas actitudes como: «Yo estoy bien, tú estás bien», en un intento de minimizar la intensidad de la culpa que las personas sienten.

Pero lo que la psicología moderna no reconoce es que la culpa, igual que el dolor físico, ¡en realidad es un regalo de Dios! ¿Se puede usted imaginar sin sentir dolor? Se recostaría en un cuchillo de cocina y estaría totalmente ajeno a una cortada que finalmente lo podría llevar a morir desangrado. El dolor nos protege y nos guarda en la vida. La capacidad de sentir culpa se nos dio por la misma razón.

Pablo nos dice que la ley de Dios fue dada porque así «el mundo entero tiene que callar ante el Todopoderoso y admitir su culpabilidad».[17] Ser conscientes de la culpa llega a ser como un «maestro» que nos guía a Cristo.[18] El Señor nunca quiso que la culpa quedara sin resolver. Su solución se encuentra en la sangre de Jesús. Él quiso que la culpa nos motivara a buscarlo, no quería que fuera un fin en sí misma.

El secreto detrás del «secreto»

Aunque debemos hacer todo lo posible por ayudar a otros a que oigan acerca de Jesús, la Biblia es clara en que Satanás trata de cegar a la gente en el entendimiento del evangelio. Pablo escribe: «Si nuestro evangelio *está encubierto,* lo está para los que se pierden. El dios de este mundo ha *cegado la mente* de estos incrédulos, para que no vean la luz del glorioso evangelio de Cristo, el cual es la imagen de Dios».[19]

El Nuevo Testamento también afirma que hay un gran *secreto* metido dentro del mensaje de Cristo: «El *secreto* que desde hace siglos y generaciones Dios tenía escondido, pero que ahora ha manifestado a los suyos. A ellos Dios les quiso dar a conocer la gloriosa riqueza que *ese secreto* encierra para los que no son judíos. Y *ese secreto es* Cristo, que habita en ustedes y que es la esperanza de la gloria que han de tener».[20]

Resulta que el *secreto* detrás del secreto es Cristo mismo… no simplemente la ley de la atracción. Esto es lo que Satanás trata de cegar en el entendimiento de la gente. Aparte de Jesucristo no hay una verdadera paz duradera: él es Príncipe de Paz.[21] Aparte de Cristo no hay verdadera victoria sobre el pecado y la angustia emocional: él es nuestra victoria.[22] Aparte de Cristo no hay verdadera plenitud,[23] ni verdadera vida: «El que tiene al Hijo, tiene la vida».[24]

Como creyentes deberíamos usar la ley de la atracción (y cualquier otra ley que nos ayude a ser más eficaces en la vida), pero debemos quitar de las *leyes* el fundamento para la felicidad; nuestra felicidad debe permanecer firmemente enraizada en una *Persona*, Jesucristo y nuestra confianza en él. En cierta ocasión, mientras narraba los pecados de Israel al profeta Jeremías, el Señor expresó: «Dos son los pecados que ha cometido mi pueblo: Me han abandonado a mí, fuente de agua viva, y han cavado sus propias cisternas, cisternas rotas que no retienen agua».[25]

Hoy día la gente sigue haciendo lo mismo. Olvidan (o no saben) que Jesús es el único que sacia la sed, la «fuente de agua viva», y tratan de cavar «cisternas» para tratar de calmar la sed por su cuenta: quizás una búsqueda de éxito, una carrera a la fama, una ambición de dinero. O penetran en asuntos más tenebrosos, como abuso de drogas y alcohol o participación en comportamiento sexual ilícito; todas estas son «cisternas rotas que no retienen agua».

Años atrás Nancy Arndt, una antigua amiga de mi esposa Gail y yo, compuso una pieza musical que capta la actual sed de Dios en cada persona, y cómo corremos tras otras cosas para tratar de saciarla:

Él es la seguridad que buscas en el dinero
Él es el frenesí que buscas en el alcohol
Él es el éxtasis que buscas en el sexo
Él es la salud que buscas en los médicos
Él es la canción que buscas en la música
Él es la danza que buscas en los clubes
Él es la belleza que buscas en los viajes
Él es la sabiduría que buscas en los libros

Él es la paz que buscas en la preocupación
Es Jesús a quien buscas...[26]

El resumen de todo esto es que *hay mucho más sobre el secreto*: Jesús.

Si usted nunca antes ha recibido a Jesús, *deténgase, láncese* y *dé media vuelta...* llámelo, y él le dará el encuentro allí donde usted está. Hágalo ahora. He aquí una sencilla oración para ayudarle a hacerlo:

Jesús, algo en mí me está animando a decirte SÍ. Quiero hacerlo. La Biblia dice que si te declaro como quien está a cargo de mi vida —como Señor de mi vida— entonces vendrá ayuda del cielo para mí, y seré «salvo(a)».[27] *Estoy totalmente dispuesto a hacerlo. Jesús, sé mi Señor, aquí y ahora mismo, sobre mi actual serie de circunstancias, sé mi Señor. Perdóname mis pecados. Límpiame de las actividades que sé que son malas. Me rindo a ti y te recibo en mi vida. ¡Soy tuyo!*

Si usted hizo esta oración de todo corazón, ¡bienvenido(a) al viaje de fe! Decida seguir adelante y llegar a ser un dedicado seguidor de Jesús. Compre una Biblia y empiece a leerla (aunque no entienda mucho de ella). Busque una iglesia con personas que amen a Jesús y que les guste hablar de la Biblia (pero evite gente bíblica miserable, son muy fáciles de descubrir: creen que son los únicos que están en lo correcto, por lo que gritan mucho y sonríen poco). Si usted sigue cultivando en su corazón un «sí» hacia el Señor, ¡él lo guiará![28]

Además, permanezca firme en su fe. No se rinda. Se le presentarán algunos momentos difíciles, las fuerzas negativas en nuestro mundo no se mantendrán al margen observándolo cómo usted crece en Dios. ¡Le atacarán todo el tiempo! Jesús expresó: «En este mundo afrontarán aflicciones». Pero luego continuó diciendo: «¡Anímense! Yo he vencido al mundo».[29]

Si esta es la primera vez que usted ha hecho esta oración, envíeme un correo electrónico a: ed@edgungor.com. El cielo está de fiesta por esta decisión.[30] Yo también quiero lanzar un grito de alegría.

Notas

1 Dioses y genios

1. 1 Corintios 3.21-22.
2. Gálatas 6.7.
3. Lucas 6.37-38.
4. Hechos 17.26.
5. Salmos 139.16.
6. Salmos 100.3.
7. Génesis 45.18, RVR60.
8. Mateo 10.39.
9. Arnold Toynbee, citado en «The Human Person and Sexuality», de Joseph Tetlow, *The Way Supplement* 71 (1991):44.
10. Santiago 4.14.
11. Santiago 4.15.
12. Marcos 9.23.

2 Los pensamientos se convierten en cosas

1. Proverbios 23.7, RVR60, paráfrasis del autor.
2. Rhonda Byrne, *El secreto* (TS Production, LLC, 2006), DVD.
3. Ibid.
4. 2 Corintios 4.4.
5. Ver Efesios 6.11-12; Hechos 10.38; Lucas 13.16; Juan 13.27.
6. 2 Pedro 1.4.
7. 2 Corintios 10.4-5, énfasis añadido.

8. Filipenses 4.8.
9. Job 3.25.
10. Rhonda Byrne, *The Secret* (Nueva York: Atria Books, 2006), p. x-xi [*El secreto* (Nueva York: Atria Books, 2007)].
11. Génesis 1.31.
12. N. T. Wright, *Evil and the Justice of God* (Downers Grove, IL: IVP Books, 2006), pp. 38-39.
13. Ver Apocalipsis 21.
14. Mateo 5.45.
15. Hechos 14.16-17.
16. Hechos 17.25.
17. Marcos 9.23.
18. Marcos 11.24.

3 Cómo usar la ley de la atracción

1. Byrne, *The Secret*, p. 25.
2. Apocalipsis 5.8.
3. 2 Corintios 2.15-16.
4. Klaus Koch, *The Prophets: The Babylonian and Persian Periods* (Philadelphia: Fortress Press, 1989), p. 20.
5. Jeremías 4.18, RVR60.
6. Lisa Nicols, citada en *The Secret*, pp. 31-32.
7. Marci Shimoff, citada en *The Secret*, p. 32.
8. Jack Canfield, citado en *The Secret*, p. 178, énfasis añadido.
9. Neale Donald Walsch, citado en *El secreto*.
10. W. Beron Wolfe, citado en Lillian Eichler Watson, ed., *Light from Many Lamps* (Nueva York: Simon and Schuster, 1951), p. 84.
11. Bill Hybels, *Who You Are When No One's Looking: Choosing Consistency, Resisting Compromise* (Downers Grove, IL: Intervarsity Press, 1987), pp. 70-71 [*¿Quién soy cuando nadie me ve?* (Grand Rapids: Vida, 1994)].

12. Byrne, *The Secret,* p. 31.
13. Ibid., p. 33.
14. Deuteronomio 8.17-18.

4 Tengo un sentimiento

1. Lucas 12.16-21.
2. Ver Romanos 8.2.
3. 1 Juan 5.19.
4. Byrne, *The Secret,* p. 37.
5. Efesios 2.1-3.
6. Colosenses 1.13.
7. Bob Proctor, citado en *The Secret,* p. 37.
8. 2 Corintios 10.4.
9. Mateo 11.28-30.
10. Jeremías 29.11.
11. 2 Corintios 10.4.
12. Peter Scazzero, *Emotionally Healthy Spirituality, Unleash a Revolution in Your Life in Christ* (Franklin, TN: Integrity Publishers, 2006), p. 24.
13. Ibid., p. 26.
14. Ibid., p. 53, adaptado.
15. Ver Romanos 5.8.
16. Hebreos 5.14.
17. Adaptado de Paul Brand y Phillip Yancey, *Pain: The Gift Nobody Wants* (Darby, PA: Diane Publishing, Co., 1999), pp. 6-7.

5 Por qué los cristianos se ponen nerviosos con esto

1. *The Food Defect Action Levels* (College Park, MD: U.S. Food and Drug Administration, mayo 1995, rev. mayo 1998), http://vm.cfsan.fda.gov/~dms/dalbook.html.
2. Ver Mateo 23.22.
3. Proverbios 23.7, RVR60, paráfrasis del autor.

6 Cómo deberían usar los cristianos la ley de la atracción

1. Mateo 4.8-9.
2. Ver Mateo 10.38-39.
3. Eclesiastés 2.10-11.
4. Hebreos 11.13.
5. Hebreos 11.16.
6. Salmos 17.14.
7. 1 Juan 2.15-17.
8. Hebreos 11.24-27.
9. Mateo 20.28.
10. Filipenses 4.19.
11. Papa Juan Pablo II, citado en *Living God's Justice: Reflections and Prayers* (Cincinnati: St. Anthony Messenger Press, 2006), p. 11.
12. Génesis 11.6.
13. Génesis 30.37.
14. Génesis 30.39.
15. Hechos 2.17.
16. Isaías 43.18-19.
17. Habacuc 2.14, RVR60.
18. Mateo 5.13-14.
19. Marcos 11.24.
20. *The Book of Common Prayer* (Nueva York: Oxford UP, 1990), p. 258 [*El libro de la oración común* (Nueva York: Church Publishing, 2001)].
21. Hechos 2.17.
22. Salmos 2.8.
23. Efesios 3.20, énfasis añadido.
24. Apocalipsis 21.3-4.
25. Marcos 1.15.
26. Mateo 6.10, énfasis añadido.
27. Hebreos 6.5.

28. *The Book of Common Prayer*, p. 138.
29. Hebreos 6.12.

7 La ley de la atracción y el dinero

1. Hechos 20.35.
2. Génesis 14.23.
3. 1 Reyes 3.11-13.
4. Mateo 6.29.
5. Ver Lucas 8.2-3.
6. Ver Juan 13.29.
7. Efesios 4.28.
8. Ibid.
9. Génesis 2.12.
10. Apocalipsis 21.21.
11. Génesis 1.31.
12. Génesis 1.28.
13. Éxodo 16.20.
14. Mateo 6.31.
15. Mateo 6.34.
16. Morris Adelman, «Oil Fallacies», *Foreign Policy* 82 (primavera 1991):10.
17. Proverbios 8.12, VP.
18. Daniel 12.4, RVR60.
19. Ver Hechos 14.17.
20. William Nordhaus, «Resources as a Constraint on Growth?» *American Economic Review* 64, no. 2 (mayo 1974), p. 25.
21. Mateo 6.33.
22. Ver Hechos 14.17.
23. Marcos 6.39-44.

8 Un «secreto» siniestro

1. Ver Mateo 5.3.
2. Mateo 10.39.
3. Ver Salmos 19.9; 119.39, 75, 137, 156.
4. Génesis 1.26.
5. Paul Tournier, *Guilt and Grace* (Nueva York: Harper and Row, 1959), p. 159 [*Culpa y la gracia* (Terrassa, España: Clie, 2003)].

9 Relato de dos historias

1. Romanos 12.2.
2. Ibid.
3. Génesis 2.7.
4. Romanos 8.20-21.
5. Ver Juan 3.3.
6. Colosenses 1.27.
7. Ver Apocalipsis 21–22.
8. Nehemías 8.10.
9. 1 Pedro 1.15.
10. 1 Juan 1.9.
11. Romanos 8.1.
12. Salmos 91.16.
13. Juan 15.8.
14. Mateo 5.13-14.
15. Romanos 6.1-6.
16. Juan 16.33; Colosenses 2.10.
17. Blaise Pascal, *Pensees*, trad. A. J. Krailsheimer, rev. ed. (1966; reimpresión, Londres: Penguin Books, 1995), p. 50.
18. Eliza E. Hewitt, «When We All Get to Heaven», en William Kirkpatrick y Henry Gilmour, *Pentecostal Praises* (Philadelphia: Hall-Mack Co., 1898).
19. Salmos 100.3.

20. Santiago 4.13-15.
21. Proverbios 3.5-6.
22. Ver Proverbios 13.24.
23. Mateo 6.9.
24. Hebreos 12.10.
25. v. 11.
26. Hechos 13.36.
27. Salmos 81.11-12.
28. Jeremías 7.25.
29. Carl Sagan, *Cosmos* (Nueva York: Random House, 1980), p. 4 [*Cosmos* (Barcelona, España: Planeta, 2004)].
30. Ernest Nagel, «Naturalism Reconsidered», p. 490.
31. Stephen Crane, *War Is Kind and Other Lines*, 1899.

10 El verdadero «secreto»

1. Hechos 17.16.
2. Hechos 17.22.
3. Hechos 17.23.
4. Hechos 17.26.
5. Hechos 17.27.
6. Hechos 17.28.
7. Ver 2 Corintios 5.17.
8. Eclesiastés 3.11, RVR60.
9. Salmos 63.1, RVR60.
10. Henry David Thoreau.
11. Juan 4.10.
12. Juan 4.13-14.
13. Romanos 3.10.
14. Romanos 3.23.
15. C. S. Lewis.

16. Romanos 5.8.
17. Romanos 3.19, La Biblia al Día.
18. Ver Gálatas 3.24.
19. 2 Corintios 4.3-4, énfasis añadido.
20. Colosenses 1.26-28, énfasis añadido.
21. Isaías 9.6.
22. 1 Corintios 15.57.
23. Ver Colosenses 2.10.
24. 1 Juan 5.12.
25. Jeremías 2.13.
26. Nancy Arndt, inédito, Marsfield, WI, 1983.
27. Romanos 10.9.
28. Juan 16.13.
29. Juan 16.33.
30. Lucas 15.7.

Acerca del autor

Ed Gungor ha participado profundamente en la formación espiritual de otros por más de treinta y cinco años. Ed es conocido por su estilo práctico y atractivo de comunicación, y es el autor de varios libros, que incluyen *Religiously Transmitted Diseases: Finding a Cure When Faith Doesn't Feel Right* [Enfermedades transmitidas religiosamente: Cómo encontrar una cura cuando la fe no parece adecuada]. Actualmente está trabajando en su quinto libro, *The Vow: An Ancient Path of Spiritual Formation that Still Transforms Today* [La promesa: Un antiguo sendero de formación espiritual que aún transforma hoy día], el cual está programado para ser publicado a principios del 2008 (Thomas Nelson Publishers).

Ed y su esposa Gail por treinta años tienen cuatro hijos y viven en Tulsa, Oklahoma. Ed sirve actualmente como pastor principal en la iglesia Peoples Church en Tulsa, y viaja alrededor de EUA y el extranjero predicando en iglesias, universidades y seminarios.

Para más información acerca de Ed Gungor, de sus materiales adicionales, o para contratarlo para conferencias, visite por favor:

www.edgungor.com